KOREAN WAR
【圖解】
韓戰

■作畫　上田 信
■解説　沼田和人

楓樹林

CONTENTS

韓戰的歷史

朝鮮半島以軍事分界線劃分為南北兩半，至今仍相互對立。韓戰是為爭奪半島主權而爆發的戰爭，為期大約3年，又被稱作東西冷戰的「代理戰爭」，而它究竟是在何種背景下展開，又是如何休戰的呢？

■獨立、南北分裂

就在日本接受波茨坦宣言，意味著第二次世界大戰已經結束的隔日，美國與蘇聯於1945年8月16日劃定東西橫貫朝鮮半島的北緯38度線為占領分界，以確立該半島的占領管轄地區。這項據說只花30分鐘就決定的劃界協議，以及當即展開的東西冷戰，大幅左右了朝鮮之後的命運。

關於長年處於日本統治下的朝鮮半島獨立問題，根據1945年2月雅爾達會議訂下的密約，第二次世界大戰結束後，會先由聯合國（美國、英國、蘇聯、中國）託管，再讓其獨立（等政情、經濟等條件穩定後，計畫於5年內獨立）。

除了聯合國對朝鮮獨立的策劃，於海外與朝鮮內部活動的各抗日組織，在第二次世界大戰確定結束時，也紛紛將目的從抗日轉為獨立，開始著手推動建國。然而，由於美蘇利害關係與統治政策差異、朝鮮內部派系鬥爭、對託管抱持反對意見等原因，使得狀況持續混亂，而美蘇也將統治政策方針轉為扶植己方支持的自治政府。

最後，以38度線為界，於1948年8月15日出現了大韓民國（以下稱韓國）、9月9日出現了朝鮮民主主義人民共和國（以下稱北韓）這兩個意識形態迥然相異的兩個國家。

韓國建國時，是由反共主義的李承晚擔任總統，提倡「北進統一」。相對於此，以蘇聯為靠山的北韓則由金日成擔任主席，打著「國土完整」的口號希冀祖國統一。

在這種狀況下，蘇聯除了對北韓政府進行政治指導之外，也派遣軍事顧問並提供軍事援助，供應戰車、重砲、飛機與物資。此外，曾隸屬蘇軍與中共解放軍，擁有實戰經驗的朝鮮系部隊官兵也構成擴充軍備的主力，在韓戰爆發前，陸軍已擁有13萬5000人的兵力。相對於此，韓國雖有美國提供軍事援助，但由於美國忌憚李承晚強硬的「北進統一」論，因此軍事援助並不包括戰車、戰鬥機、轟炸機，戰爭爆發前的陸軍兵力也僅有9萬8000人。雙方兵力與官兵經驗值的差距，對緒戰造成了影響。

■開戰

建國之後，特別是在韓國，不僅出現大小反政府運動，受北韓指示的共產團體與游擊隊也會從事恐怖攻擊，政府忙於鎮壓，政情陷入一片混亂。

有鑑於韓國此等內部情勢，以及1949年10月1日中華人民共和國（以下稱中國）建政、美國在遠東地區的共產主義圍堵防線（1950年1月12日由美國國務卿迪安·艾奇遜發表，不可退讓的「艾奇遜防線」）不包括朝鮮半島等狀況，使得金日成判斷即便南進也不會引發美國介入。他在取得史達林與中國毛澤東的認可及援助承諾之後，便決心發動戰爭，入侵韓國。

為了準備開戰，北韓軍於6月11日以「機動大演習」的名義開始動員部隊，沿著38度線展開以7個師為基幹的部隊。美國、韓國兩軍雖然掌握北韓軍的部分動向，卻未判斷出這是入侵前兆。6月25日凌晨，北韓軍砲擊韓國軍陣地，開始發動攻擊。這次攻擊是場奇襲，令韓國軍大受打擊。北韓軍派出約120輛（有各種說法）T-34-85戰車打頭陣，陸續突破韓國軍防線，於開戰2日後的6月28日便占領首爾。韓國政府放棄了首爾，轉移至水原，但水原也在7月4日落入北韓手中。

美國確認北韓軍發動進攻之後，於6月27日決定派兵前往韓國。除此之外，聯合國安全理事會也認定北韓的行動已構成侵略，於7月7日組織聯合國軍，並在翌日任命麥克阿瑟元帥為聯合國軍總司令。

美軍首先派出駐紮日本的空軍對北韓軍發動攻擊，地面部隊接著由日本登陸釜山。7月5日，美國陸軍先遣隊在烏山與北韓軍爆發首場地面戰鬥。然而，未具備有效反裝甲武器的美軍部隊卻無法阻止北韓軍挺進。

在駐日美軍地面部隊派至韓國之前，韓國軍曾有部分部隊擋下了北韓軍的攻擊，但卻無法阻止優勢北韓軍持續南下，只能一直後退。7月21日，大田遭到占領，聯合國軍一邊採取遲滯行動戰術，一邊構築最終防線，並於8月完成南北約135km、東西約90km的釜山橋頭堡（釜山環形防禦圈）。聯合國軍一邊在此抵禦北韓軍攻擊，一邊等待增援部隊與物資到來，準備發動反擊。兩軍攻防在此

地持續大約1個月。

■聯合國軍的反擊與中國參戰

在釜山攻防戰擋下北韓軍進攻的聯合國軍挽回了戰局，並實施反攻作戰以殲滅北韓軍，由登陸仁川的部隊與自釜山方面北上的部隊夾擊北韓軍。

聯合國軍於9月16日在仁川登陸（鐵鉻行動，Operation Chromite），自背後壓迫北韓軍。17日，地面部隊也開始從釜山方面北進，以呼應登陸作戰（巨鎚行動，Operation Sledgehammer）。聯合國軍於9月28日規復了首爾，北韓軍則徹底潰退。聯合國軍追擊撤退的北韓軍，並於10月7日跨過38度線持續北進。面對這樣的戰況，毛澤東發出「一旦聯合國軍跨越38度線，中國就會軍事介入」警告（9月30日），並於9月8日決定派遣30萬名中國人民志願軍參戰。

越過38度線的聯合國軍，於19日占領了平壤，且由於麥克阿瑟元帥下令占領整個北韓，因此美國陸戰隊也在26日登陸了半島東北部的元山。同日，部分韓國軍部隊已經推進至遙望中朝邊境的鴨綠江。在聯合國軍的反擊下，北韓軍於10月之前損失了大量兵力，且北上的聯合國軍也拿下約6成北韓領土，因此底下已悄悄出現戰爭有可能在聖誕節前結束的樂觀論調。在這種狀況下，中國軍於10月25日發動了第一波攻勢。

中國軍的精銳部隊取代業已疲憊的北韓軍發動攻擊，使聯合國軍損失慘重，於各地都只能退卻。中國軍在第一次攻勢經過約1個月後的11月27日，又發動了第二波攻勢，聯合國軍只剩撤退一途，戰局完全倒向對中國軍有利。聯合國軍於12月5日放棄

了平壤，並於9日退出元山、興南，11日也自仁川撤退。

中國軍的參戰與聯合國軍的撤退，使得韓戰情勢大幅轉變。

■戰線陷入膠著

在各戰線逼迫聯合國軍撤退的中國軍，於12月22日抵達38度線，並在12月底展開第三次攻勢（冬季大攻勢），於1951年1月7日再度占領首爾。被這場攻勢逼退到北緯37度線附近的聯合國軍，從半島東岸的江陵構築起一條連結至西部烏山附近的防線，藉此伺機反擊。

聯合國軍於1月25日發起霹靂行動（Operation Thunderbolt）展開反擊，自這場作戰之後，聯合國軍實施了5次攻勢作戰並且北上，韓國第1師於3月15日規復首爾。自此之後，戰事便從機動戰轉變為山區陣地戰，兩軍以38度線為界，在短期間內不斷發動攻勢，形成一進一退的拉鋸，戰線陷入膠著。

■休戰

在戰線膠著化的1951年4月11日，美國政府解除了麥克阿瑟元帥聯合國軍總司令職務。至於解任原因，是因為麥克阿瑟元帥認為必須占領整個北韓才能結束戰爭，且主張要對支援北韓的中國使用核武，與意圖早日結束戰爭的杜魯門總統意見相左。麥克阿瑟元帥遭解職之後，由馬修・李奇威上將接任聯合國軍總司令。

開戰1年後，戰況變成由聯合國軍與共產軍隔著38度線相互發動短期攻勢，以爭奪對方陣地的山區陣地戰。此時不僅戰線未能大幅移動，兩軍損失也與日俱增，雙方皆失去取得完全勝利的機會。在這樣的狀況

下，相關各國政府便開始著手準備休戰。6月23日，蘇聯的常駐聯合國代表馬利克在安理會提案休戰，7月10日，第一次休戰會議於開城舉行。參與這場休戰會議的人員，包括擔任聯合國軍首席代表的美國遠東海軍司令官特納・喬伊中將等3人、擔任韓國代表的第一軍長白善燁、北韓首席代表南日大將等3人、中國代表鄧華副司令等2人。在7月26日的會議中，雙分決定針對設置非武裝區、劃定軍事分界線、成立實現停戰與休戰的監督組織、俘虜處理問題等5項議題進行會談。休戰會談自此展開，但雙方對於各個議題的主張卻相互對立且寸步不讓，使得首場會談於8月22日便告中斷。10月25日，會議移往板門店再度展開，但在進入1952年後，戰況完全陷入膠著狀態，雙方只能不斷重複中斷會議、兩軍發動攻勢、重啟會議的迴圈。

1953年3月，對休戰採消極態度的史達林過世，使得事態開始出現轉變。共產軍的態度現出軟化徵兆，中斷自1952年11月的會議於4月重啟。雖然兩軍在會議重啟後仍持續發動攻勢，但雙方會談也有進展。1953年7月27日，擔任聯合國軍主席代表的美國陸軍威廉・凱・海立勝中將與朝鮮人民軍代表兼中國人民志願軍代表南日大將在板門店會場簽署停戰協定，並於該日22時生效，使朝鮮半島上的戰爭告一段落。

韓戰　關係年表

6

	12月5日	聯合國軍自平壤撤退
	9日	聯合國軍開始自元山、興南、仁川各港往海上撤退
	11日	海州掃雷結束，特別掃海隊完成任務返國
	23日	美國第8軍團司令官沃爾頓·華克中將視察前線時因事故殉職，由馬修·李奇威中將繼任
	31日	中國軍發動第三次攻勢（至翌年1月15日）
1951年	1月3日	聯合國軍的戰線後退至37度線
	4日	中朝軍再度占領首爾
	8日	聯合國軍發動反擊奪回原州
	1月25日	聯合國軍發動「霹靂行動」，重新北進
	2月5日	美韓軍於中東部戰線展開「圍捕行動」，開始北進
	11日	中國軍發動2月攻勢（第四次攻勢，至18日）
	20日	聯合國軍發動「殺手行動」。全線於翌日開始北進
	3月7日	聯合國軍發動「開膛手行動」
	15日	韓國第1師再度規復首爾
	31日	聯合國軍抵達38度線 之後戰局定型為隔著38度線對峙 轉變成山區陣地戰
	4月4日	聯合國軍再度跨越38度線開始北進
	9日	聯合國軍展開推進至38度線以北20公里內的「蠻勇行動」
	11日	麥克阿瑟元帥被解除聯合國軍總司令職務，由李奇威中將繼任
	22日	中朝軍發動第五次前期攻勢（4月攻勢，至30日）
	23日	中朝軍突破38度線南下
	5月2日	蘇聯常駐聯合國代表雅科夫·馬利克與美國國務院展開停戰交涉 美軍派出飛機攻擊北韓領有的華川水壩 以魚雷破壞了水壩
	15日	中朝軍發動第五次後期攻勢（5月攻勢）
	22日	聯合國軍發動「打樁機行動」
	30日	鐵三角地帶的攻防戰持續激化

	6月23日	蘇聯常駐聯合國代表馬利克對聯合國安理會提案停戰
	7月10日	第1次停戰協議於開城舉行
	8月18日	聯合國軍於中東部發起攻勢，展開空襲北韓鐵路與通信設施的「絞殺行動」
	9月13日	傷心嶺戰役爆發（至10月11日）
	10月5日	聯合國軍於全戰線發動秋季攻勢
	25日	停戰會談將會場移至板門店重新召開
1952年	2月18日	巨濟島戰俘營發生中朝軍俘虜暴動
	3月26日	聯合國軍進攻韓國中西部的266高地 展開老禿山戰役 （至1953年3月26日）
	5月7日	巨濟島戰俘營發生第2次暴動 指揮官法蘭西斯·杜德准將遭中朝軍俘虜挾持
	6月23日	聯合國軍首次空襲水豐水壩
	10月6日	中國軍進攻鐵原的395高地 在14日之前展開了12次攻防戰 （白馬高地戰役）
	14日	聯合國軍發動攻擊中國軍的三角高地戰役（至11月25日）
	12月2日	美國下任總統德懷特·艾森豪訪韓，並視察前線（至4日）
1953年	1月20日	艾森豪就任美國總統
	2月11日	馬克斯維爾·泰勒中將就任美國第8軍團司令官
	3月5日	蘇聯的史達林過世
	4月16日	中國軍進攻「豬排山」（至18日）
	4月26日	會談於板門店重啟
	7月2日	中國軍第二次進攻「豬排山」（至11日）
	7月19日	代表團就停戰協定達成共識
	24日	簽署停戰協定前的最後一役，沙尾川戰役展開（至26日）
	27日	中朝兩軍與聯合國軍在板門店簽署停戰協定

■韓戰的推移

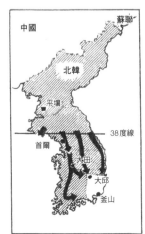

1950年6～9月

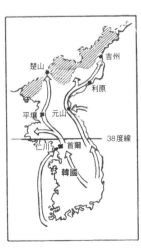

1950年9～11月

1950年11月～1951年1月

1953年7月　停戰協定時

■朝鮮半島

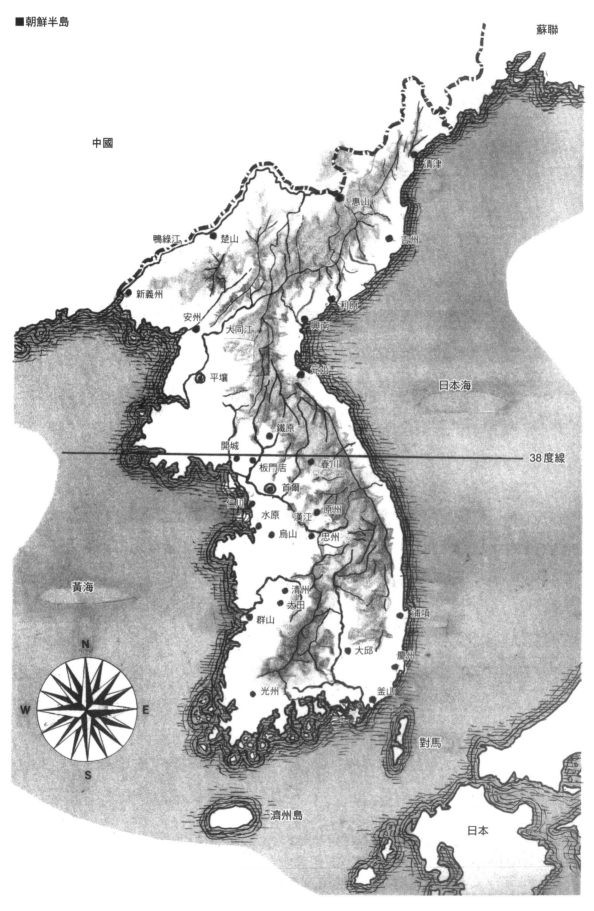

蘇聯

中國

清津

惠山

鴨綠江 楚山 吉州

新義州

安州 利原

大同江 興南

平壤 元山

日本海

鐵原

開城

板門店 春川 38度線

首爾

仁川 原州

水原 漢江

烏山 忠州

黃海

清州

太田

群山

浦項

大邱 慶州

光州 釜山

N

W E 對馬

S

濟州島 日本

韓戰的地面戰

韓 戰 的 戰 車 戰

　韓戰的規模雖然不比第二次世界大戰，但聯合國軍與共產軍之間仍有發生數次戰車戰。

　戰爭爆發時，北韓的裝甲部隊戰力已有1個裝甲旅，而韓國軍則無戰車部隊。之所以會如此，是因為美軍認為像朝鮮半島這種多山地形，並不適合集團運用戰車，且美國政府覺得如果提供過剩軍力給高唱北進政策、意圖統一祖國的李承晚總統，他可能就會開始進攻北韓，因此下達這樣的政治判斷。

　相對於此，北韓軍則接受蘇聯的軍事援助，擁有240輛T-34-85中戰車（以下稱T-34）與117輛SU-76自走砲（以下稱SU-76）。這些戰車是北韓之所以能在緒戰發動閃擊戰成功的關鍵。

　1950年6月26日，北韓軍以戰車打頭陣開始南進，為了阻止這些戰車，韓國軍能使用的反裝甲武器僅有

各步兵團配備的6門57mm戰防砲，以及步兵班配備的2具戰防火箭筒和戰防雷。唯一配備戰車砲的裝甲戰鬥

北韓軍（KPA）的戰鬥車輛

北韓軍派出蘇聯軍提供的120輛戰車打頭陣，對韓國發動奇襲。

《GAZ-67 B 4輪傳動車》

《T-34-85中戰車》

北韓軍的主力戰車，開戰後也
持續由蘇聯供應。

《BA-64裝甲車》

《第聶伯M-72側掛車》

《SU-76自走砲》

開戰時的北韓軍，是由第二次世界大戰時期參
與過蘇軍，以及參與過國共內戰等具備實戰經
驗的官兵構成主力。除此之外，蘇聯也有供應
武器，使其戰力大幅提升。

韓國陸軍（ROKA）的戰鬥車輛

《M8裝甲車》

開戰時韓國軍唯一備
有戰車砲的車輛。

《M3裝甲運兵車》

1951年春季開始由
美軍供應。

《M24霞飛輕戰車》

《M36B2傑克森驅逐戰車》

為了彌補數量不足的M4與M26而提
供給韓國軍，90mm主砲的威力雖然
足以摧毀T-34-85，但防護力卻比M4
中戰車差。

11

由於美軍判斷朝鮮半島的地形無法有效運用戰車，因此當初對北韓軍的戰力過於輕視。除此之外，基於這項預測以及政治上的判斷，它們也未提供戰車給韓國軍，導致緒戰時出現了T-34恐慌。美軍趕緊派出配備M24與M4的駐日戰車部隊，但要等到M26中戰車抵達之後，對戰車戰鬥才開始轉為優勢。

《M4A3 105mm榴彈砲搭載型》

《M16防空半履帶車 絞肉製造機》

不只用於防空，也能用於對地攻擊。

《M24霞飛輕戰車》

美軍最先投入朝鮮半島的戰車，由於它是偵察用的輕戰車，因此火力、防護力皆無法抗衡T-34-85。

《M4A3E8雪曼（Easy Eight）中戰車》

韓戰前半期的美軍主力戰車，主砲威力足以破壞T-34-85，但面對T-34-85的85mm砲則顯得防護力不足。

《M26潘興中戰車》

火力、防護力皆超越T-34-85，但要等到1950年8月才開赴韓國。

車輛，只有大約40輛（有各種說法）M8裝甲車，但它的37mm戰車砲根本無法對抗T-34。

■1950年8月的戰況

中國

北韓

平壤

元山

春川

開城

首爾 江陵

仁川

烏山

平澤 安城

大田

韓國

大邱

釜山防衛線

光州

馬山

釜山

■聯合國軍戰車運抵

最先與北韓軍戰車交戰的聯合國軍戰車，是隸屬第24步兵師的15輛M24霞飛輕戰車（以下稱M24）。美軍在1950年7月10日的烏致院戰役中首次進行戰車戰，擊毀數輛北韓軍的T-34中戰車，但也損失兩輛M24。7月21日，5輛M24與7輛T-34在大田近郊的戰鬥中交火。採取埋伏攻擊的M24擊毀了1輛T-34，但己方卻也損失4輛。在那之後，雖然也發生數次戰車戰，但火力與防護力皆遜於T-34的M24依舊未能改變戰況。美軍繼M24之後，又從日本派出了100輛M4A3E8雪曼中戰車（以

下稱M4）。然而，這也沒辦法擋下北韓軍勢如破竹的進擊，被逼退的聯合國軍，只能構築環形防禦圈作為最終防線，一邊抵擋敵軍攻擊，一邊等待增援，重整反擊體制。

始於8月的釜山橋頭堡戰役，北韓軍除了投入13個步兵師之外，也有1個裝甲師參戰。相對於此，聯合國軍除了自日本運來的M4外，從美國本土送來的M26潘興中戰車（以下稱M26）也已抵達。8月7日，聯合國軍於首次發動的反擊作戰中，投入M4與M26共100輛，並於各地發生戰車戰。

當時美軍最新的中戰車M46巴頓（以下稱M46）於8月8日首次運抵釜山，8月29日則有英國陸軍第27旅登陸釜山，該旅下轄1個配備克倫威爾巡航戰車（以下稱克倫威爾）與邱吉爾Mk.Ⅶ步兵戰車的戰車團。

美軍在8月底前派了6個戰車營前

往朝鮮半島，戰車數量與英軍相加達到500輛以上，使得北韓軍與聯合國軍的戰力形成逆轉。

8～9月的釜山橋頭堡戰役，北韓軍連預備部隊的戰車也投入進攻聯合國軍，但卻陸續遭聯合國軍戰車、M20戰防火箭筒以及飛機摧毀。除此之外，還有一些戰車因為燃料不足而遭放棄，使北韓的戰車到了9月只剩大約100輛。

■聯合國軍的反擊

聯合國軍度過釜山橋頭堡戰役的危機之後，為了一口氣打開戰局，在9月實施了仁川登陸作戰。自此之後，戰事便轉化為追擊後退北韓軍的機動戰。北韓軍雖有設法抵擋聯合國軍進擊，但在優勢的聯合國軍戰車面前，T-34仍於各地遭到擊毀。然而，聯合國軍的戰車卻也會因T-34的伏擊與戰防砲攻擊而出現損失。

此時期規模最大的戰車戰發生於10月30日的廓山戰役，15輛M26與7輛北韓軍的T-34、10輛SU-76進行夜戰，美軍擊毀了5輛T-34與7輛SU-76。

11月14日，配備百夫長Mk.Ⅲ（以下稱百夫長）戰車的英國陸軍第8皇家愛爾蘭輕騎兵團登陸釜山。百夫長曾於1951年2月11日於漢江擊毀北韓軍的克倫威爾，這輛克倫威爾據說是在1950年11月下旬的議政府戰役，或是1951年1月首爾東北方高陽的「快樂谷戰役」（Battle of Happy Valley）中，由中國軍自英軍擄獲。

在1950年底之前，送至韓國的美軍戰車以M4數量最多，有679輛，接著則是M26的309輛、M46的200輛、M24的138輛。

中國軍的戰鬥車輛

中國軍的裝甲部隊與北韓一樣，都是以蘇聯提供的車輛作為主力編成，戰車部隊自1951年3月底開始在前線登場。雖然有派T-34-85中戰車的部隊前往朝鮮，但似乎運用有限，很少和聯合國軍的戰車交戰。另外，根據中國軍的資料，它們也曾投入除T-34-85與SU-76以外的戰車與自走砲，但聯合國軍並未確認中國軍在最前線用過其他車輛。

《M3裝甲偵察車》

美國在二次大戰期間提供給蘇聯的車輛。

《BA-64裝甲車》

《SU-100自走砲》
據說中國軍在戰爭後半期將其少量投入前線。

《SU-76自走砲》

《SU-122自走砲》

《T-34-85中戰車》

《JS-2史達林重戰車》
在韓戰之後才供應給北韓軍。

《KV-85重戰車》
也曾提供給北韓軍，但不知是否有投入實戰。

■自機動戰轉為陣地戰

1950年10月，中國軍參戰之後，聯合國軍的戰線便大幅後退。但是到了1951年，兩軍仍持續發動攻勢，以38度線為界，不斷南推北進。此時的戰事已從機動戰轉變為山區陣地戰，戰車的運用也從反戰車戰鬥改為陣地防禦，或是對進攻敵陣的步兵部隊提供支援砲擊。

這樣的陣地戰在停戰之前曾數度爆發激戰，例如1952年11月18～19日與1953年5月19～29日的「鐵鉤高地戰役」（Battle of the Hook），英軍的百夫長戰車曾在陣地防禦展現長才。此高地位於停戰會談的板門店會場西南方10km，是座標高60～80m的丘陵。為了保衛首爾，聯合國軍在此布署以英軍為主力的守備隊，並且構築陣地。

其中1953年5月28～29日的戰鬥打得特別猛烈，由於進攻的中國軍並未配備戰車，因此沒有發生戰車戰，但配置於陣地的第1皇家戰車團C連的12輛（有各種說法）百夫長仍以榴彈砲擊進犯敵兵，自中國軍4個團的攻勢下保住了高地。

■共產軍的戰車

雖然北韓軍的T-34、SU-76在開戰後仍持續由蘇聯提供，但是到了1950年8月聯合國軍展開反擊之後，供給數量便已趕不上消耗，再加上燃料補給等問題，使得北韓軍無法再像緒戰那樣進行大規模運用。蘇聯除了T-34之外，也於1953年供應JS-3重戰車，但卻無法確認它是否真有投入實戰。

中國軍在1953年之前總共派遣8個戰車團（配備T-34）前往朝鮮，不過運用程度有限。根據中方資料，它們也曾派遣SU-122自走砲、SU-100自走砲、KV-85戰車，但無法確認是否有用於實戰。

■聯合國軍的戰車

一如前述，聯合國軍是以美軍戰車作為主力，初期投入的M24在M4、M26陸續到位之後，便歸回原本的偵察、步兵支援任務。M4與M26在1951年中陸續更換為M46，而英軍也在1951年之後將克倫威爾與邱吉爾換成百夫長。

■韓國軍的戰車部隊

韓國陸軍在開戰時並沒有戰車部隊，要到戰爭期間的1951年4月才在步兵學校成立裝甲科，在美國陸軍指導下展開戰車部隊人員的教育與訓練。部隊教育結束後，便編成首支戰車連，於10月投入東部戰線。

養成教育之後仍舊持續進行，至1952年中期已催生了8個戰車連。它們使用的戰車為M24與M36驅逐戰車（以下稱M36）這兩個車型，M36（包含各種衍生型）在停戰之前約供應給韓國軍200輛。

■兩陣營的戰車比較

○M24對T-34-85

M24輕戰車雖然是款可靠度高的戰車，但主砲僅為輕型的75mm砲，若不是在近距離或瞄準背後等條件下發動攻擊，是無法摧毀T-34-85的。它們首次對決時雙方各有10輛，損失為7比1，M24完敗。等M4與M26中戰車來了之後，M24便轉用於步兵支援等任務。

○M4對T-34-85

M4中戰車自1950年7月底開始配賦前線，於釜山橋頭堡之役首次與T-34-85交戰。它的76mm主砲如果沒有打對地方，仍舊無法摧毀T-34-85，而T-34-85的85mm砲彈卻可輕易擊毀M4。對戰車戰鬥的性能，是由T-34-85占上風。

○M26對T-34-85

M26中戰車於1950年8月在朝鮮半島登場，該月20～24日在大邱附近發生的戰車戰，有40輛M26對上了北韓軍的20輛T-34-85與4輛SU-76。在這4天的戰鬥中，M26損失了6輛，而T-35-85則被毀14輛，SU-76損失4輛。

《M24霞飛輕戰車》

《LVT-3巨蝮兩棲登陸車》

《M29C鼬鼠運輸車》

也能當作雪上車使用的小型兩棲運輸車。

《M4A3E8雪曼中戰車》

《LVT（A）-4配備75mm
榴彈砲的火力支援型》

《LVT-3C兩棲登陸車》

《M26潘興中戰車》

《DUKW兩棲登陸車》

用於牽引野砲、運送人員或物資至最前線。

《M39多功能裝甲車》

《M37 105mm自走砲》

《M46巴頓中戰車》

M7自走砲的後繼車型。

《M42B5雪曼火焰噴射戰車》

《M41大猩猩155mm自走砲》

《M4A3雪曼105mm
榴彈砲火力支援型推土戰車》

《M7B2牧師105mm自走榴彈砲》

《M45中戰車 配備105mm榴彈砲火力支援型》

《M43 203mm自走榴彈砲》

《M32裝甲救濟車》

《M40 155mm自走加農砲》

《M19防空自走砲》

《M16防空半履帶車》

《M15A1防空自走砲》

配備1門37mm機砲與2挺12.7mm
機槍。

配備雙管40mm機砲。

美軍的對地攻擊機

聯合國軍的對地攻擊機也在對戰車戰鬥中大展身手,共產軍損失的3000輛戰甲車有50%是遭空襲破壞。

《F-80流星式戰鬥機》

《B-26入侵者式輕轟炸機》

《F-82雙胞野馬式戰鬥機》

《F-51野馬式戰鬥機》

《F9F黑豹式戰鬥機》

《F-84雷霆噴射式戰鬥機》

《F4U海盜式戰鬥機》

《AD-4天襲者式攻擊機》

英國與大英國協軍的戰鬥車輛

據說英軍派遣了100～140戰車至韓國，邱吉爾與克倫威爾戰車在1952年夏季被替換掉，之後是以百夫長做為主力。其他還有比利時軍使用M4中戰車、土耳其軍使用M4與M24輕戰車。

■英軍

《邱吉爾Mk. VII步兵戰車》

《邱吉爾鱷魚火焰噴射戰車》

《邱吉爾裝甲架橋車》

《克倫威爾Mk. VIII巡航戰車》

《克倫威爾Mk. III裝甲推土車》

《百夫長Mk. I裝甲救濟車》

《百夫長Mk. III戰車》

於韓戰首次投入實戰，但卻沒有和共產軍的蘇製戰車發生戰車戰。

■加拿大軍

《雪曼VC螢火蟲》

《多用途載具》
小型的裝甲運兵車。

《戴姆勒Mk. II裝甲車》

《戴姆勒Mk. II偵察車》

《M4A3E8雪曼》

《阿基里斯驅逐戰車》
配備與螢火蟲同款的17磅砲。

18

■發生於朝鮮半島的主要戰車戰

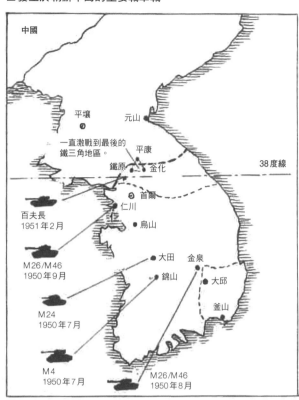

中國

平壤

元山

一直激戰到最後的
鐵三角地區。

平康

鐵原　金化

38度線

首爾

仁川

百夫長
1951年2月

烏山

M26/M46
1950年9月

大田　金泉

錦山　大邱

M24
1950年7月

釜山

M4
1950年7月

M26/M46
1950年8月

韓戰的戰車兵

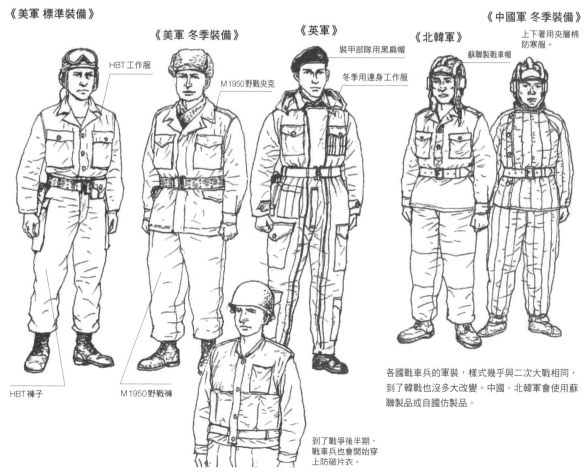

《美軍 標準裝備》

《美軍 冬季裝備》

《英軍》

《北韓軍》

《中國軍 冬季裝備》

上下著用夾層棉
防寒服。

HBT工作服

M1950野戰夾克

裝甲部隊用黑扁帽

蘇聯製戰車帽

冬季用連身工作服

HBT褲子

M1950野戰褲

各國戰車兵的軍裝，樣式幾乎與二次大戰相同，
到了韓戰也沒多大改變。中國、北韓軍會使用蘇
聯製品或自國仿製品。

到了戰爭後半期，
戰車兵也會開始穿
上防破片衣。

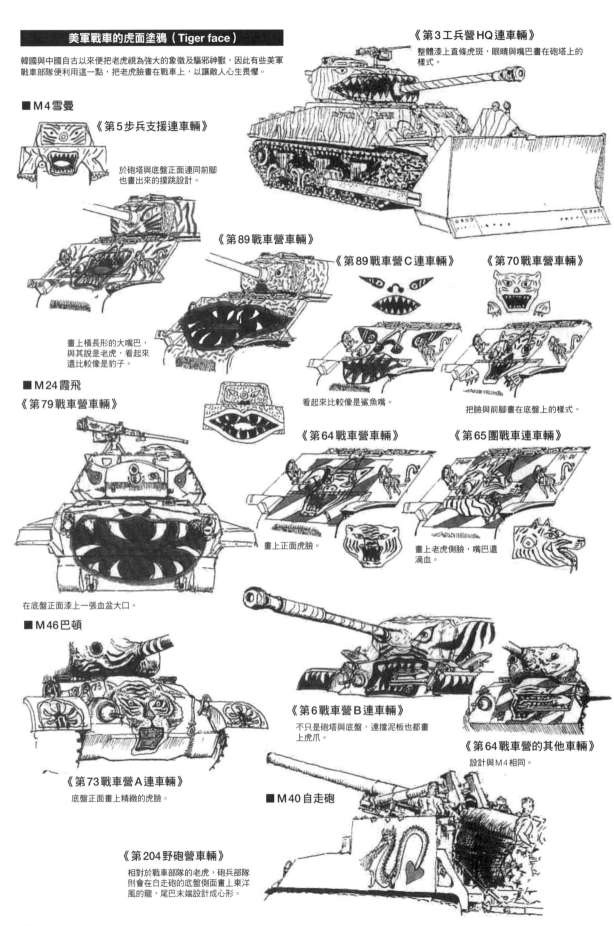

美軍戰車的虎面塗鴉（Tiger face）

韓國與中國自古以來便把老虎視為強大的象徵及驅邪神獸，因此有些美軍戰車部隊便利用這一點，把老虎臉畫在戰車上，以讓敵人心生畏懼。

《第3工兵營HQ連車輛》
整體漆上直條虎斑，眼睛與嘴巴畫在砲塔上的樣式。

■M4雪曼

《第5步兵支援連車輛》
於砲塔與底盤正面連同前腳也畫出來的撲跳設計。

《第89戰車營車輛》

《第89戰車營C連車輛》

《第70戰車營車輛》

畫上橫長形的大嘴巴，與其說是老虎，看起來還比較像是豹子。

看起來比較像是鯊魚嘴。

把臉與前腳畫在底盤上的樣式。

■M24霞飛

《第79戰車營車輛》

《第64戰車營車輛》
畫上正面虎臉。

《第65團戰車連車輛》
畫上老虎側臉，嘴巴還滴血。

在底盤正面漆上一張血盆大口。

■M46巴頓

《第6戰車營B連車輛》
不只是砲塔與底盤，連擋泥板也都畫上虎爪。

《第64戰車營的其他車輛》
設計與M4相同。

《第73戰車營A連車輛》
底盤正面畫上精緻的虎臉。

■M40自走砲

《第204野砲營車輛》
相對於戰車部隊的老虎，砲兵部隊則會在自走砲的底盤側面畫上東洋風的龍，尾巴末端設計成心形。

空降作戰

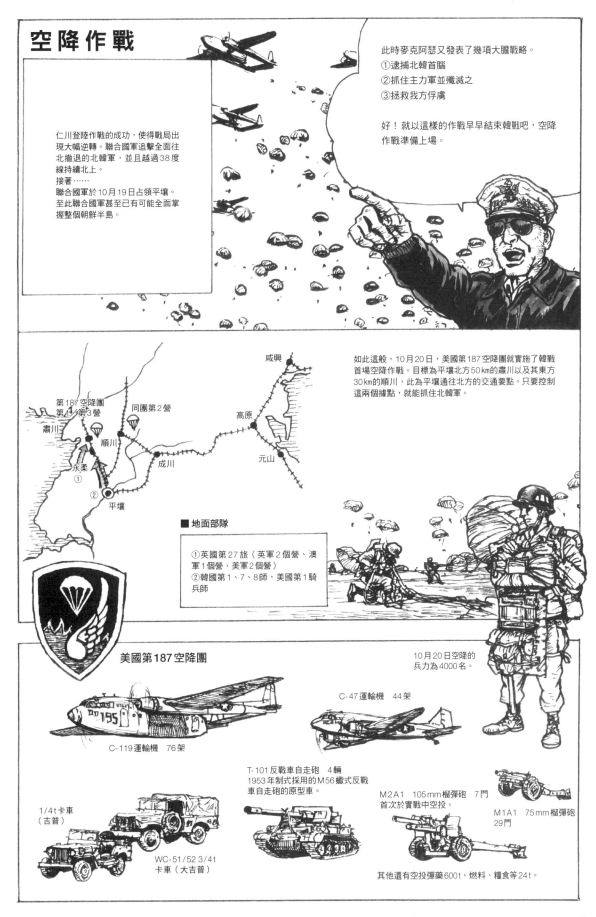

仁川登陸作戰的成功，使得戰局出現大幅逆轉。聯合國軍追擊全面往北撤退的北韓軍，並且越過38度線持續北上。
接著……
聯合國軍於10月19日占領平壤。至此聯合國軍甚至已有可能全面掌握整個朝鮮半島。

此時麥克阿瑟又發表了幾項大膽戰略。
①逮捕北韓首腦
②抓住主力軍並殲滅之
③拯救我方俘虜

好！就以這樣的作戰早早結束韓戰吧，空降作戰準備上場。

如此這般，10月20日，美國第187空降團就實施了韓戰首場空降作戰。目標為平壤北方50km的肅川以及其東方30km的順川，此為平壤通往北方的交通要點。只要控制這兩個據點，就能抓住北韓軍。

咸興
第187空降團
第1、第3營
同團第2營
高原
肅川
順川
元山
永柔
①
成川
②
平壤

■ 地面部隊

①英國第27旅（英軍2個營、澳軍1個營、美軍2個營）
②韓國第1、7、8師，美國第1騎兵師

美國第187空降團

10月20日空降的兵力為4000名。

C-47運輸機　44架

C-119運輸機　76架

T-101反戰車自走砲　4輛
1953年制式採用的M56蠍式反戰車自走砲的原型車。

M2A1　105mm榴彈砲　7門
首次於實戰中空投

M1A1　75mm榴彈砲
29門

1/4t卡車
（吉普）

WC-51/52 3/4t
卡車（大吉普）

其他還有空投彈藥600t、燃料、糧食等24t。

空降部隊僅遭遇些許抵抗，便控制了兩個據點，空降部隊之間也構成通聯，空降作戰看似已經成功…。

奇襲成功，敵人已被包圍。剩下就等敵軍自投羅網了。

然而，其實北韓軍的首腦部已於1週前離開平壤，主力軍也正帶著俘虜撤退，僅有後衛部隊碰上麥克阿瑟設下的陷阱。

21日夜半，擔任北韓軍後衛的第239團為了保衛主力軍，對空降部隊發動夜襲。這支部隊不僅裝備精良，士氣也很高昂，以波狀攻擊讓兵力只有其半的空降部隊陷入苦戰。空降部隊好不容易撐到天亮，才在空中支援與地面部隊救援下展開反擊，使第239團幾乎全滅。空降作戰有抓到敵軍並加以殲滅的戰鬥，就僅有這場而已。

除此之外，俘虜營救作戰也告失敗。聯合國軍的俘虜已被送往北部，還有96名俘虜在永柔的隧道中遭到屠殺。

失敗的原因
①對敵軍動向情報掌握不足
②空降部隊戰力不足
其中特別是空降部隊僅靠團級兵力很難捕捉敵軍主力，之後的空降作戰則從跳傘（傘降）進化為搭乘直升機的「機降」，意圖改變戰局的大規模空降作戰已於焉實施。

（注）美軍後來又於1953年3月23日再度實施空降作戰。這場作戰意圖以187空降團捕捉中國軍，在38度線附近的汶山空降，但仍舊撲了個空。

38度線
汶山
首爾
仁川

美國陸戰隊

釜山攻防戰

1950年6月25日，北韓軍突然越過38度線邊界大舉入侵韓國，打響了韓戰的第一槍。

北韓軍以150輛戰車打頭陣，完全採奇襲攻擊，令韓國軍的防線潰退。

北韓軍自五方面展開攻擊，並於東海岸登陸以襲擊韓國軍後背。

38度線
6月25日
開城
春川
江陵
首爾
仁川
水原
7月4日
漢江
7月10日
8月5日
大田
浦項
大邱
洛東江
釜山橋頭堡
光州
晉州
馬山
釜山

距邊界直線距離僅60km的首都首爾在開戰第3天就被占領。

美國的哈瑞・杜魯門總統於6月26日決定支援韓國，命當時人在日本的麥克阿瑟元帥出動美軍。

27日，聯合國安全理事會採納美國提出的「韓國援助」案，美國的軍事介入因此獲聯合國認可。
然而，戰況卻持續惡化，原本自信滿滿的美軍先遣部隊沒能擋下北韓軍的猛攻，韓國、美軍部隊只能撤退，在釜山構築橋頭堡。

韓國軍的軍裝

大韓民國陸軍 Republic of Korean Army（ROKA）

《上等兵》

鋼盔與小帽上有階級章。

《中尉》

負責守衛38度線的5個師會配賦
M1步槍或M1卡賓槍，但屬後
方部隊的3個師則使用日本製的
九九式步槍。

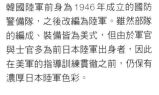

韓國陸軍前身為1946年成立的國防
警備隊，之後改編為陸軍。雖然部隊
的編成、裝備皆為美式，但由於軍官
與士官多為前日本陸軍出身者，因此
在美軍的指導訓練貫徹之前，仍保有
濃厚日本陸軍色彩。

《韓國陸軍兵》

除了制服等部分裝
備之外，其餘皆為
美軍提供。

開戰時韓國、北韓的戰力

		韓國	北韓
陸軍	師	8個（9萬8000人）	10個、1個戰車旅（13萬5438人）
	戰車	M8裝甲車×27	T-34×50、SU-76自走砲×120
	野砲	105mm×85	122mm×120、76mm×240
	迫擊砲	60mm×600、81mm×600	120mm×180、82mm×810、61mm×816
	戰防砲	57mm×140、M9巴祖卡×1900	45mm×420
	海軍	巡邏艇×4、掃雷艇×10、布雷艇×10、LST×1	巡邏艇×16
	空軍	T-6教練機×10、聯絡機×10	Yak-9戰鬥機×70、Iℓ-10M攻擊機

軍力不論質、量皆由北韓占絕對優勢，
且由於開戰當日是星期天，因此韓國軍
官兵大多都在休假、外宿，守備兵力只
有一半。

除此之外，在面對T-34戰車時未具備有效反戰車武器，也是緒
戰慘敗的原因。許多韓國軍士兵都因戰車陷入慌亂，有些士兵
則以地雷和炸藥對戰車進行近迫攻擊。要是我們美軍能夠提供
更優秀的武器就好了⋯⋯。

釜山橋頭堡戰役　1950年8月5～26日

《Il-10攻擊機》
北韓空軍在開戰1個月後便在美國空軍反擊下近乎全滅。

《Yak-9戰鬥機》

《BA-64裝甲車》

《SU-76自走砲》

《T-34-85中戰車》

《M-30（M1938）122mm榴彈砲》

《GAZ-67B 4輪傳動車》

《第聶伯M-72側掛車》

《M1927 76.2mm步兵砲》

《ZiS-3（M1942）76.2mm野砲》

8月5日
8月12日

韓國第6師

韓國第1師

美國第1騎兵師

大邱

美國第24步兵師（8月24日與美國第2步兵師換防，成為預備部隊）

昌寧

靈山

靈山戰役（8月5～19日）

美國第2步兵師

美國第25步兵師

普州

馬山

美軍砲兵2個營損失慘重

北韓軍伏擊

銳利作戰（8月7～13日）

北韓軍自開戰後便猛烈進擊，為了要在8月15日祖國解放紀念日占領釜山，從8月6日開始對釜山橋頭堡展開攻勢。
背水一戰的聯合國軍，利用洛東江等地形構築最終防線禦敵。
攻防戰持續了1個月以上，北韓軍戰力消耗殆盡，終於撤退。
此時期聯合國軍也從美國本土獲得兵力增援與物資補給，相對於北韓軍，戰力比變成人員約2倍、火砲約1.5倍、戰車約6倍的優勢。

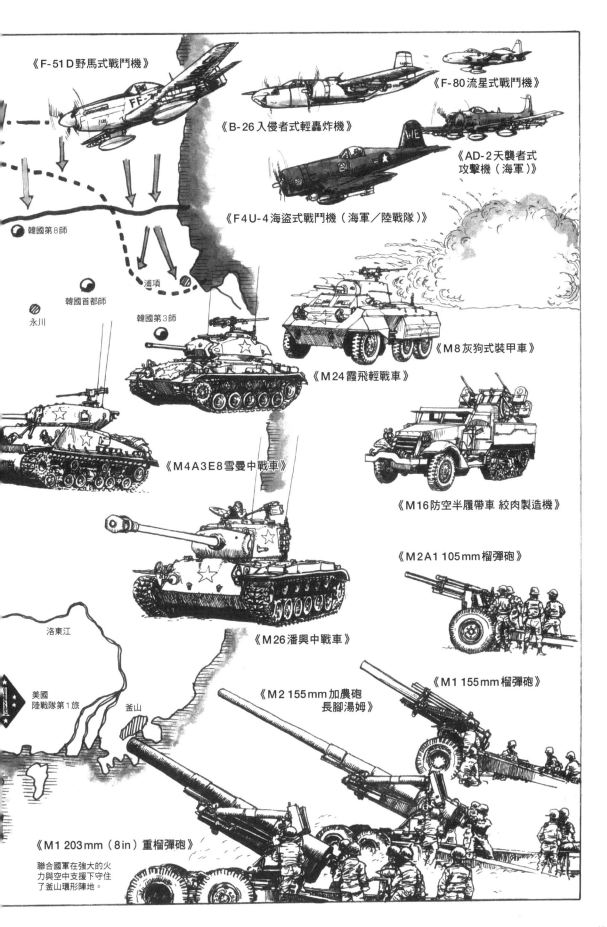

《F-51 D野馬式戰鬥機》

《F-80流星式戰鬥機》

《B-26入侵者式輕轟炸機》

《AD-2天襲者式 攻擊機（海軍）》

《F4U-4海盜式戰鬥機（海軍／陸戰隊）》

韓國第8師

浦項

韓國首都師

永川

韓國第3師

《M8灰狗式裝甲車》

《M24霞飛輕戰車》

《M4A3E8雪曼中戰車》

《M16防空半履帶車 絞肉製造機》

《M2A1 105mm 榴彈砲》

洛東江

《M26潘興中戰車》

《M1 155mm 榴彈砲》

美國 陸戰隊第1旅

釜山

《M2 155mm 加農砲 長腳湯姆》

《M1 203mm（8in）重榴彈砲》

聯合國軍在強大的火 力與空中支援下守住 了釜山環形陣地。

27

北韓軍的軍裝

蘇軍從朝鮮撤退之際，除了留下3000名軍事顧問之外，還提供了大量武器與裝備。

《下士》

《戰鬥帽》

有耳蓋的獨特設計。

《蘇製 M40 鋼盔》

比較少戴鋼盔。

《大尉》

肩膀上有蘇式階級章。

雜物袋

水壺

軍官的制服，仿自蘇軍 Gymnastiorka 設計。

兵／士官的標準夏季野戰裝備。

襯衫型上衣的下襬通常會塞進褲子裡。

《莫辛-納干 M1891/30 步槍》

口徑：7.62mm　裝彈數：5 發

錐形刺刀

《托卡列夫 TT-1930/33 手槍》

口徑：7.62mm　裝彈數：5 發

《莫辛-納干 M1944 卡賓槍》

口徑：7.62mm　裝彈數：5 發

摺疊式錐形刺刀

《PPSh-41 衝鋒槍》

口徑：7.62mm　裝彈數：71 發

《DP-2 輕機槍》

口徑：7.62mm　裝彈數：47 發

《馬克沁 M1910 機槍》

口徑：7.62mm　彈帶給彈式

6月29日，麥克阿瑟元帥於視察前線後，提出阻止南進的北韓軍後，於其背後執行登陸作戰，一口氣將之殲滅的作戰構想。

作戰計畫是以第1騎兵師（駐紮日本）與1個陸戰團（自美國本土派遣）於7月22日左右於仁川登陸。

然而，因為戰況惡化的關係，第1騎兵師先投入釜山以阻止北韓軍，使得計畫一度中止。

之後，麥克阿瑟元帥的登陸作戰必要性獲得認可，因此第1陸戰師受命臨時編組1個陸戰旅。

第1陸戰隊遠征旅（以下稱第1陸戰旅）是由第6陸戰團為基幹，以1個砲兵營、1個戰車營，兵力約4000人編組而成。除此之外，也決定派遣第33陸戰隊航空隊進行空中支援。

第1陸戰旅基於7月23日重新立案的登陸作戰自本土出發，預計於9月中旬登陸仁川。

然而，該旅為了保住陷入危機的釜山橋頭堡，於8月2日在釜山登陸，成為馬山正面的預備兵力。

這場陸戰隊的首戰命名為「銳利」作戰，是場局部地區的反擊作戰，陸戰隊開始往晉州進擊。

然而，在作戰開始5天後的8月12日，遭北韓軍伏擊的砲兵營陣亡200人而被殲滅，其他部隊也遭北韓軍攻擊，作戰宣告失敗。
之後，陸戰隊就被當成機動反擊預備隊使用。

美國陸戰隊的軍裝

釜山的陸戰隊　1950年夏

《P1944 HBT工作服的士兵》

與P1941不同，胸部口袋有蓋子，並廢除衣襬的口袋，左右胸前開襟處有加上暗袋。

M1步槍

於二次大戰過後5年開打的韓戰，軍裝與武器大多都承襲自二次大戰的型號。

P1941 HBT工作服也一併使用。

〔卡賓槍用彈匣袋〕右為30發彈匣用左為15發彈匣用

P1944褲子的兩側與臀部有大型口袋。

M4刺刀

《M2卡賓槍》
口徑：.30口徑
裝彈數：15／30發

《M3A1衝鋒槍》
口徑：.45口徑
裝彈數：30發

《M1918A2自動步槍（BAR）》
口徑：.30口徑　裝彈數：20發

《M1919A4機槍》

《M19196輕機槍》
M1919A4會裝在M2三腳架上使用，A4、A6皆為.30口徑，採彈鍊給彈。

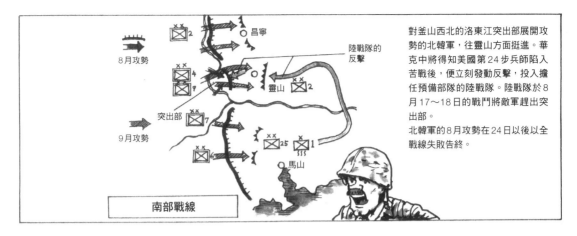

對釜山西北的洛東江突出部展開攻勢的北韓軍，往靈山方面挺進。華克中將得知美國第24步兵師陷入苦戰後，便立刻發動反擊，投入擔任預備部隊的陸戰隊。陸戰隊於8月17～18日的戰鬥將敵軍趕出突出部。

北韓軍的8月攻勢在24日以後以全戰線失敗告終。

8月攻勢

昌寧

陸戰隊的反擊

靈山

突出部

9月攻勢

馬山

南部戰線

8月13日夜，北韓軍對釜山橋頭堡發動攻勢。
靈山地區正面的美國第2步兵師戰線遭到突破。

為了解放祖國全土並贏得獨立，務必戰至最後第一滴血。

美國第8軍團司令官華克中將立刻決心投入陸戰隊！

現在需要的不是看到戰車就逃跑的「菜鳥」，而是善戰的「專家」。

陸戰隊不負眾望，擊退了入侵的北韓軍！
其他戰線的聯合國軍也接連發動逆襲，擊退北韓軍，守住了釜山橋頭堡。

為期大約1個月的釜山橋頭堡戰役，第1陸戰旅戰傷約900人，第5團的6名連長只有1位平安無事。

就這樣，陸戰旅在登陸之後被投入預期外的作戰，並且產生損失，但卻也累積了實戰經驗，成為一支可靠的勁旅。

麥克阿瑟的豪賭 仁川登陸作戰

於北韓軍後方實施登陸作戰，切斷敵軍補給線，一口氣逆轉戰局。

敵軍壓力依舊不變，橋頭堡的戰鬥仍舊持續陷入危機。

就在聯合國軍拼命防守釜山橋頭堡時，麥克阿瑟元帥正在擬定一場誰都想像不到的大反擊計畫。

被截斷補給線的軍隊必定敗北。登陸地點就在這裡，仁川！

華盛頓的軍方高層雖然贊成登陸作戰，但得知登陸地點是仁川之後，便開始反對。

這、選仁川實在是太亂來了。

仁川這個地方退潮與漲潮差距頗大是世界有名的。且它的地形也不適合登陸。

仁川的沙灘太少，且岸壁還高達5m。不論地理、地形、海象等條件都不適合登陸作戰。

仁川完全不適合登陸作戰！

麥克阿瑟元帥對於這場作戰有著絕對自信。他力排眾議堅決推動，終使仁川登陸獲得認可。

我也想要有像麥克阿瑟元帥那樣的信念呀。

我們會從仁川登陸，並且擊潰敵軍。

8月23日，東京日比谷的GHQ（盟軍總司令部）

來自華盛頓的F·夏曼海軍作戰部長

將話題往回推一點，第1陸戰師於7月25日獲命動員，應當於8月中旬完成編組。

然而，因為釜山橋頭堡危機，於7月中旬緊急派遣以第5陸戰團為基幹的臨時第1陸戰旅，使官兵減為3000人。

因此，便從美國本土東岸的第2陸戰師抽調約7000人、第1補充教育隊抽調800人、歐洲等地彙集正規兵3630人轉調至第1陸戰師。

為此還召集超過1萬名預備役彌補這些空缺，當時慌亂動員的情形時至今日仍然成為陸戰隊的話柄。

除此之外，陸戰隊還有「步槍兵第一主義」的傳統。

據說準備開赴戰場時，大部分的士兵都矢志「絕對要當步槍兵」，而不願當無線電手或駕駛兵，使得編組花了不少力氣。
陸戰隊員從當時就已經有著唯獨步槍兵才能頂天立地的風氣。

仁川登陸作戰（鐵鉻行動）1950年9月15日

此作戰出動了將近300艘艦艇與大約4萬名登陸兵力，於凌晨6點33分開始登陸有北韓軍砲兵陣地的月尾島。美國陸戰隊第5團第3營登陸該島後45分鐘便完成制壓。

到了滿潮的17點30分，開始於仁川的紅色海灘與藍色海灘搶灘。搶灘前的艦砲射擊與空中攻擊使得北韓軍只能輕微抵抗，當天便成功奪取預定目標。

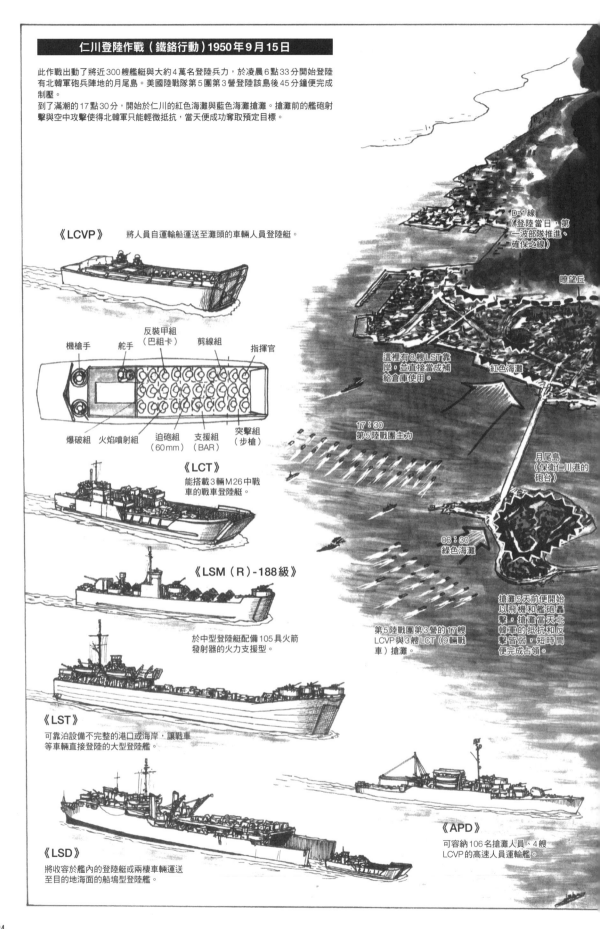

《LCVP》 將人員自運輸船運送至灘頭的車輛人員登陸艇。

機槍手　舵手　反裝甲組（巴祖卡）　剪線組　指揮官

爆破組　火焰噴射組　迫砲組（60mm）　支援組（BAR）　突擊組（步槍）

《LCT》 能搭載3輛M26中戰車的戰車登陸艇。

《LSM（R）-188級》 於中型登陸艇配備105具火箭發射器的火力支援型。

《LST》 可靠泊設備不完整的港口或海岸，讓戰車等車輛直接登陸的大型登陸艦。

《LSD》 將收容於艦內的登陸艇或兩棲車輛運送至目的地海面的船塢型登陸艦。

《APD》 可容納106名搶灘人員、4艘LCVP的高速人員運輸艦。

D-1線《登陸當日，第一波部隊推進、確保之線》

瞭望丘

這裡有8艘LST靠岸，並直接當成補給倉庫使用。

紅色海灘

17：30 第5陸戰團主力

月尾島《保衛仁川港的砲台》

06：30 綠色海灘

搶灘5天前便開始以飛機和艦砲轟擊，搶灘當天北韓軍的抵抗和反擊皆弱，短時間便完成占領。

第5陸戰團第3營的17艘LCVP與3艘LCT（9輛戰車）搶灘。

聯合國軍的航空母艦艦載機在登陸作戰首日便出擊超過300次，針對仁川半徑40km圈內發動攻擊。為阻止北韓軍增援仁川，巡洋艦也展開艦砲射擊，封鎖通往仁川的道路。

《AD-4天襲者式》

炸彈酬載量可比輕轟炸機，從事支援攻擊。

北韓軍的防衛陣地

9月15日的戰線

燃燒中的城鎮

藍色海灘

17：32　第1陸戰團主力

仁川港

羅徹斯特運輸船團

《F4U-4海盜式》

負責上空掩護與對地支援攻擊。

第二次世界大戰時，登陸作戰前的早餐一定會有牛排，但這天卻只有端出白煮蛋和馬鈴薯混醃牛肉而已。

小月尾島

《艦砲射擊》

主力為美英2艘巡洋艦與10艘驅逐艦，其他還有6艘LSM（R）以火箭彈提供支援。

聯合國軍的參戰艦艇包括美軍230艘、韓國軍15艘、英軍12艘、加拿大軍12艘、澳大利亞軍2艘、紐西蘭軍2艘、法軍1艘，總共273艘（其中156艘為登陸艦艇）。

《北韓軍Yak-9戰鬥機》

Yak-9於9月17日拂曉來襲，攻擊聯合國軍的艦艇。
這場攻擊對英美巡洋艦各1艘造成損害。

看吧。
被說成功率只有5000分之1的這場作戰，如老子預想大獲成功。

《登陸指揮艦 麥金利山號》

指揮、管制整場登陸作戰的兩棲部隊旗艦。以運輸船為基礎打造而成，具備各種通信器材與作戰室等。

《M1 刺刀》

《M4 刺刀》

《M1941 背包的完全裝備》

背包 半頂帳

置物包

〔M1941 背包〕

《M1943 土工器具》

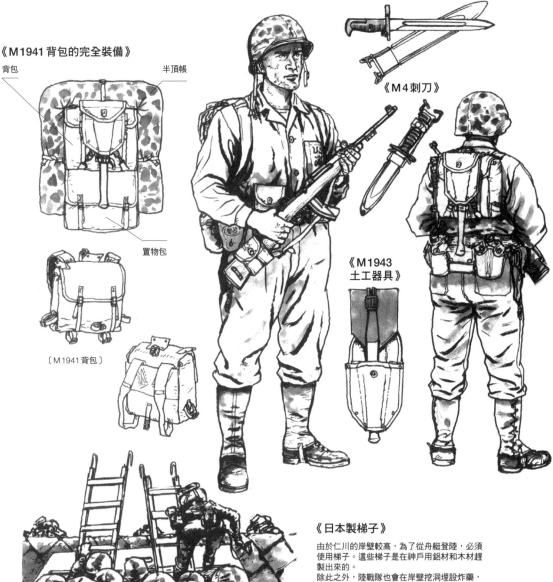

《日本製梯子》

由於仁川的岸壁較高,為了從舟艇登陸,必須使用梯子。這些梯子是在神戶用鋁材和木材趕製出來的。
除此之外,陸戰隊也會在岸壁挖洞埋設炸藥,炸出開口後登陸,著實煞費苦心。

■第10軍的編成

軍長　愛德華・阿爾蒙德少將

○第1陸戰師
第1陸戰團
第5陸戰團
　第5陸戰團移動自釜山戰線。

○第7步兵師
由於員額不足,因此師兵力有3分之2是由本土來的補充兵與韓國軍部隊編成。

○韓國軍
韓國陸軍第17步兵團
韓國海軍陸戰隊

仁川港緊鄰城鎮,對攻擊方可說是絕對不利。

我也曾反對登陸仁川。

第1陸戰師師長
奧利弗・P・史密斯少將

雖然北韓軍從9月16日開始反擊，但當時位於此處附近的部隊訓練不足，敵不過陸戰隊，因此登陸部隊的進擊速度並未被拖慢。

與大戰時的塔拉瓦等戰役相比，這次根本就像是演習一樣。

北韓軍完全沒有料到登陸地點會在仁川，D-day的陸戰隊損失僅陣亡21人、負傷174人。

同月17日，占領富平市（別名ASCOM City）。

以6輛T-34-85戰車為主的300名北韓軍展開反擊，遭遇M26戰車與巴祖卡火箭筒抗擊，陸戰隊僅負傷1人便殲滅敵軍。

這裡曾是美軍於開戰前建設的補給基地，美軍的各種彈藥庫存有2000t仍保留於此。

同月18日，占領金浦機場。

第5陸戰團於前夜衝入機場，對北韓軍發動奇襲。抵抗十分輕微，聯合國軍無損一兵一卒便奪回機場。

於日本伊丹基地待命的第33陸戰飛行大隊立刻進駐，運輸機隊於該日便開始自立川基地運送補給。

同月20日，漢江渡河作戰

為了自西方進攻首爾，第5陸戰團搭乘LVT展開作戰。

雖然奇襲渡河失敗，但在支援砲擊下仍以強行渡河挺進至對岸。自翌日開始往首爾進擊。

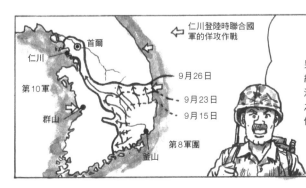

仁川登陸時聯合國軍的佯攻作戰

首爾
仁川
第10軍
群山
釜山
第8軍團

9月26日
9月23日
9月15日

另一方面，釜山橋頭堡的第8軍團也呼應仁川登陸發動總攻擊，但由於北韓軍防守力道堅強，在20日之前戰況都無進展，令元帥很傷腦筋。
之後，北韓軍的第一線開始崩潰，23日以後，聯合國軍便接連突破敵軍防線。

規復首爾　9月16～28日

首爾規復作戰是以陸戰隊作為基幹執行，史密斯師長決心自西方硬攻。

《C-54運輸機》

奪取金浦機場後，便從立川基地開始運輸補給。

首爾西牆攻防戰
9月21日～25日
此處為北韓軍在首爾的最強防禦點，陸戰隊為擊破敵主力，自正面發動攻擊，持續不斷激戰。

《F4U海盜式戰鬥機》

9月26日

9月20日
第5陸戰團渡河作戰。

9月17日

漢江

9月16日

9月21日

首爾

9月25日
第10軍決定也要從南面攻擊，投入陸軍第7步兵師第32團。

9月18日
金浦機場

富平

永豐浦
9月22日由第1陸戰團占領。

第1陸戰師

9月23日

《T-34-85戰車》

《LVT-3兩棲登陸車》

仁川

《M26中戰車》

9月20日

9月22日

北韓軍的反擊

第7步兵師

水原

9月26日，第7步兵師與第1騎兵師會師。

9月26日

往首爾進擊！
首爾正面的北韓軍抵抗果然十分激烈，陸戰隊原本順暢的進擊也停了下來。

如果陸戰隊打不下來，就讓陸軍也參與進攻首爾，阿爾蒙德將軍如是說。賭上陸戰隊的名譽也要突破西牆！

28日，規復首都首爾

9月26日，陸戰隊與韓國陸軍第32團、韓國陸戰隊衝入了首爾，並於28日占領首爾。

自仁川登陸到規復首爾，陸戰隊陣亡421人，負傷2029人。

「T-34殺手」3.5吋巴祖卡火箭筒

KLANK KLANK KLANK

剛開戰時，韓國軍手上並沒有像樣的反戰車武器，因此面對T-34曾陷入恐慌而敗逃。
「真是不像話啊」，雖然美軍如是說…

戰車來了！
趕快逃啊！！
戰車來了！
趕快逃啊！！

咦，從15m的距離打中了22發，居然沒有效果！！

剛於美國本土開始配備的新型3.5吋巴祖卡火箭筒，包含教育部隊用的發射器在內，火速大量空運至韓國，配賦防守大田的部隊。

當初美軍先遣隊配備的2.36吋火箭筒還有彈藥老舊劣化的問題，面對T-34顯得力不從心，令美軍也陷入恐慌。

《M9A1火箭筒》
口徑2.36吋（60mm）

《M20火箭筒》
口徑3.5吋（89mm）
暱稱「超級巴祖卡」

幹得好～大田攻防戰順利敲掉T-34了。步兵也能擊毀戰車了喔！

陸戰隊也配賦M20，在首爾近郊的作戰，甚至還開始賭起看誰摧毀最多T-34，再也不怕面對戰車了。

好好瞄準！
就算是超級巴祖卡，如果打錯地方或角度不對，也是敲不毀戰車的。

《陸戰隊的火箭筒組》
由射手與彈藥手組成，並加上護衛兵。

中國軍的介入

中國（中華人民共和國）

鴨綠江

北韓
（朝鮮民主主義人民共和國）

聯合國軍規復首爾之後，便北上追擊北韓軍，突破38度線，於10月20日占領平壤。

10月26日
平壤

10月20日

元山

10月7日

38度線

韓國軍

美、英軍
仁川
首爾

聯合國軍一路直指鴨綠江，10月底占領大部分北韓，戰爭結束看似只是時間問題。

必須拯救相鄰的社會主義國家同志。送入抗美援朝（※）志願軍30個步兵師、3個砲兵師、1個鐵道兵師！

10月25日，中國的人民志願軍度過鴨綠江，開始支援北韓。

※抗美援朝（抵抗美國侵略，援助朝鮮之意）

投入韓戰的中國軍總兵力達到30萬人，加上陸續重整態勢的10萬名北韓軍，攻勢壓倒了聯合國軍。

沒有察覺中國介入的聯合國軍（兵力17萬5000人），不到1個月便全面潰退。11～12月，聯合國軍的部隊約有15%全滅，死傷者高達2萬5000人。

話說回來，此時我們陸戰隊又在做些什麼呢……

占領首爾後的10月5日，陸戰隊受命回到仁川，準備對元山發動登陸作戰。

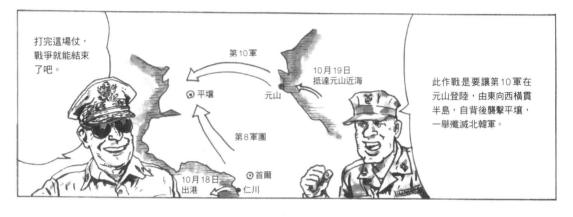

打完這場仗，戰爭就能結束了吧。

第10軍

10月19日抵達元山近海

元山

⊙平壤

第8軍團

10月18日出港

⊙首爾

仁川

此作戰是要讓第10軍在元山登陸，由東向西橫貫半島，自背後襲擊平壤，一舉殲滅北韓軍。

然而，海軍卻花太多時間在處理元山港的水雷（※），期間元山已由自陸路進擊的韓國軍占領。

在平壤方面，原本預計會作抵抗的北韓軍也輕易放棄平壤退走。

※元山海域的掃雷作業，也有日本海上保安廳的「特別掃海隊」參與。

真不是開玩笑的，為了等待掃雷，陸戰隊可是在海上待命了一整個禮拜。

因為在此期間只能往返元山海域，所以還被叫成「溜溜球作戰」。

10月26日登陸後，前來迎接的居然是韓國軍官兵，讓美軍士氣大挫。這使這場以進攻平壤為目的的登陸作戰顯得相當愚蠢。

此時中國軍已經枕戈待旦，等著聯合國軍的到來。

這段區間僅有一條狹窄隘路，是埋伏的絕佳地形。

10月24日，麥克阿瑟元帥下令全軍迅速占領整個北韓。陸戰隊自元山登陸後便開始北進，開往第1目標長津湖。

長津湖
柳潭里
下碣隅里
古土里
真興里
美國第7師
第1陸戰師
咸興
興南
第3陸戰師
元山

陸戰隊負責的地區有很多游擊隊活動，在美國第3師登陸前，陸戰隊第7團持續挺進，第1、第5團負責確保後方地帶。

陸戰隊第7團一邊排除中國軍的抵抗，一邊挺進至長津湖。然而，這卻是中國軍設下的陷阱。

中國軍以10月25日的攻勢重挫聯合國軍，卻又在11月6日一齊撤退，讓聯合國軍下達錯誤判斷。

中國軍僅為6～7萬人的志願軍，中國並未全面介入。準備回家過聖誕節吧，這將是最後一仗。

11月24日，聯合國軍發動攻勢，但卻遭遇中國軍的第二次攻勢，使聯合國軍全面潰敗。

長津湖方面的陸戰隊也在11月27日夜間遇襲，中國軍意圖全殲第1陸戰師，同時對柳潭里、下碣隅里、古土里、真興里發動攻擊。

11月29日，聯合國軍受命後退至平壤－元山線，然而中國軍的攻擊卻不停歇，只能於12月6日放棄平壤，全面退至38度線以南。這場知名的12月大撤退，僅僅兩個禮拜便後退了250km。

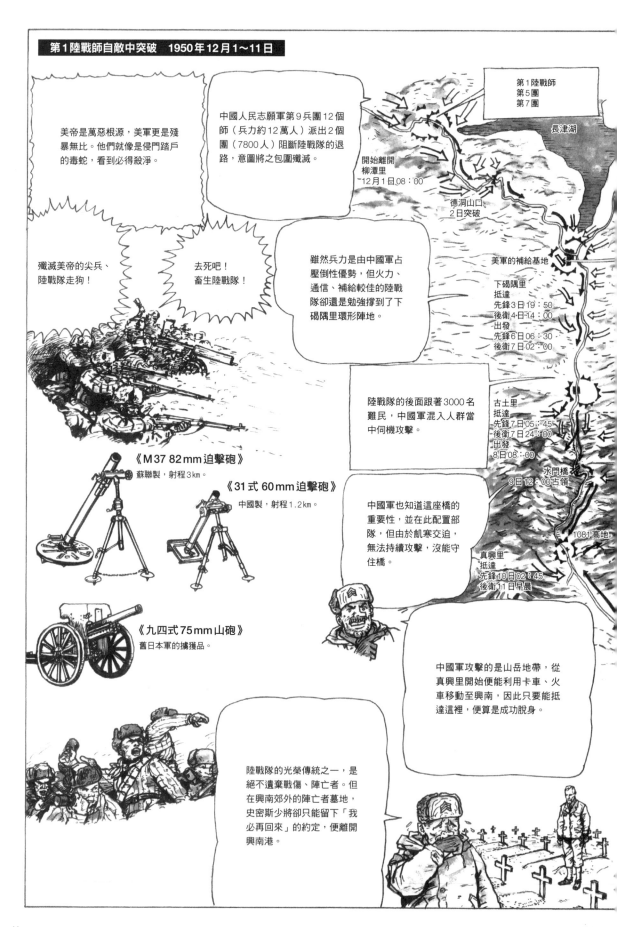

第1陸戰師自敵中突破　1950年12月1～11日

美帝是萬惡根源，美軍更是殘暴無比。他們就像是侵門踏戶的毒蛇，看到必得殺淨。

中國人民志願軍第9兵團12個師（兵力約12萬人）派出2個團（7800人）阻斷陸戰隊的退路，意圖將之包圍殲滅。

第1陸戰師
第5團
第7團

長津湖

開始離開
柳潭里
12月1日08：00

德洞山口
2日突破

殲滅美帝的尖兵、
陸戰隊走狗！

去死吧！
畜生陸戰隊！

雖然兵力是由中國軍占壓倒性優勢，但火力、通信、補給較佳的陸戰隊卻還是勉強撐到了下碣隅里環形陣地。

美軍的補給基地

下碣隅里
抵達
先鋒3日19：50
後衛4日14：00
出發
先鋒6日06：30
後衛7日02：00

《M37 82mm迫擊砲》
蘇聯製，射程3km。

《31式 60mm迫擊砲》
中國製，射程1.2km。

陸戰隊的後面跟著3000名難民，中國軍混入人群當中伺機攻擊。

古土里
抵達
先鋒7日05：45
後衛7日24：00
出發
8日08：00

水門橋
9日12：00占領

中國軍也知道這座橋的重要性，並在此配置部隊，但由於飢寒交迫，無法持續攻擊，沒能守住橋。

1081高地

《九四式75mm山砲》
舊日本軍的擄獲品。

真興里
抵達
先鋒10日02：45
後衛11日早晨

中國軍攻擊的是山岳地帶，從真興里開始便能利用卡車、火車移動至興南，因此只要能抵達這裡，便算是成功脫身。

陸戰隊的光榮傳統之一，是絕不遺棄戰傷、陣亡者。但在興南郊外的陣亡者墓地，史密斯少將卻只能留下「我必再回來」的約定，便離開興南港。

《C-47運輸機》

運輸指揮部會空投補給品。物資空投至凍結的地面後，大多都會摔壞，就連彈藥類也有6成以上無法使用。

第1陸戰隊航空聯隊F4U-4的密接支援甚至還有出動到夜間戰鬥機。

《C-119運輸機》

《M2A1 155mm榴彈砲》

嚴寒會使空氣密度增加，讓火砲射程縮短，且還要拉長砲管復進的時間，降低發射速度。

步兵、戰車、砲兵、飛機之間的密切協同，把中國軍的攻擊擋了回去。

《M1 105mm榴彈砲》

12月1日完成的運輸機用跑道，有了跑道之後，約500名傷兵便能在部隊移動前完成後送。之後作戰的傷員後送則靠直升機展現神威。

本次作戰並非後退！！而是朝向包圍網後方的敵軍前進，以擊破背後之敵！

《M20 75mm無後座力砲》

《M2 4.2吋重型迫擊砲》

射程4km。

由第1團負責防守，第5、7團也後退至此，師底下的所有團完成集結。

12月6日 史密斯師長

由於道路狹隘，只有這條路線可以通行車輛。橋梁遭破壞後要架設便橋，好不容易才成功突破。

《M1 81mm迫擊砲》

射程3km。

《M1 60mm迫擊砲》

射程1.2km。

迫擊砲能在山區戰鬥發揮威力，即便在嚴寒中也能順暢操作，但由於地面結凍，發射的後座力有時會弄壞底盤。

《M4A3E8雪曼/推土戰車》

水洞

《M26潘興中戰車》

美國第3步兵師為支援陸戰隊脫困，往真興里前進。9日，攻下要地1081高地。

古土里環形防禦陣地除了美國陸戰隊（1萬1686人）之外，還有陸軍的臨時團（2353人）、英國海軍突擊隊（150人）、韓國野戰警察（40人）。

咸興

12月11日第1陸戰師的全兵力抵達咸興～興南間的集結點。

第1陸戰師自登陸元山以來，推估對中國軍造成的損傷為地面戰鬥陣亡1萬5000人，負傷7500人，空襲陣亡1萬人，負傷5000人。然而陸戰隊的損失也不小，陣亡114人、失蹤192人、戰傷3500人，其他傷病者7313人，兵力損失約50%。

12月14日全師乘船完畢，15日早晨出港，並於該日在釜山下船。

興南

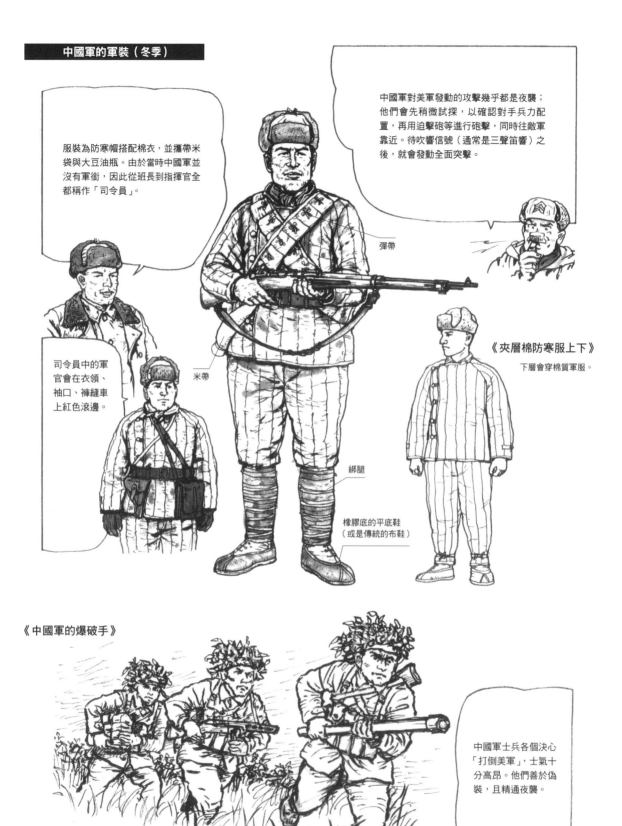

中國軍對美軍發動的攻擊幾乎都是夜襲；他們會先稍微試探，以確認對手兵力配置，再用迫擊砲等進行砲擊，同時往敵軍靠近。待吹響信號（通常是三聲笛響）之後，就會發動全面突擊。

服裝為防寒帽搭配棉衣，並攜帶米袋與大豆油瓶。由於當時中國軍並沒有軍銜，因此從班長到指揮官全都稱作「司令員」。

彈帶

司令員中的軍官會在衣領、袖口、褲縫車上紅色滾邊。

米帶

《夾層棉防寒服上下》

下層會穿棉質軍服。

綁腿

橡膠底的平底鞋（或是傳統的布鞋）

《中國軍的爆破手》

中國軍士兵各個決心「打倒美軍」，士氣十分高昂。他們善於偽裝，且精通夜襲。

爆破手負責爆破、排除障礙物或敵方戰鬥車輛。前鋒會攜帶爆破筒，後面跟著用 PPSh-41 衝鋒槍的支援手以及攜帶炸藥包的士兵。

嚴寒之下的戰鬥

卡賓槍相當怕冷，很快就打不響，且槍托還會被凍壞，肉搏戰時一敲就會碎掉。

11月底之後，北韓會變得十分寒冷，即便是白天也只有零下20～25℃。一旦太陽下山，氣溫更是急遽降低，到了凌晨4點，會冷到零下28～45℃左右，所以所有東西都會結凍。

M1步槍雖然比卡賓槍好一點，但黃油一旦凍住仍會打不了。

M1步槍的漏夾在打完最後一發子彈後，會與彈殼一起彈出來。當它掉落至冰凍地面，便會發出極大聲響，等於告知敵方子彈已經打完。

GOON

漏夾

如果沒有防凍液，就不會加水，直接當成氣冷式使用。

若太冷便會無法射擊，因此每隔2小時左右就要打一下。

卡車和戰車每隔2小時就要暖機約15分鐘，否則引擎就會發不動。

砲彈和手榴彈也常變成不發彈。

由於會遭夜襲，因此就算是睡在睡袋裡，也禁止拉上拉鍊。

C型口糧必須用爐子加熱後食用，若不小心直接冷食或吃到冰塊，就會拉肚子。

如果把負傷者直接放在雪地上，馬上就會凍死。此外，嗎啡針劑也會結凍，所以醫務兵於前線救治傷患時會把它含在嘴巴裡。

為了防止凍傷，必須設法減少流汗，但由於作業時很難避免出汗，因此得要勤換衣服。

自地表至深度35cm左右的泥土都呈凍結狀態，因此構築野戰工事相當辛苦。由於摺疊鍬一下就會折壞，所以擄獲的中國軍圓鍬相當受用。

反游擊戰與直升機的活躍

在中國軍的壓頂攻勢之下，聯合國軍於12月4日全面向38度線撤退，不斷敗逃。

「12月撤退」變成一場美軍創始以來的大敗仗。

杜魯門總統的這番說詞，被媒體解讀為「美軍正考慮使用核武」，因而震驚全世界。當然，總統對使用核武這件事表示否定，不過……。

對於朝鮮的緊急事態，我們業已準備好所有必要手段……。

美國總統杜魯門

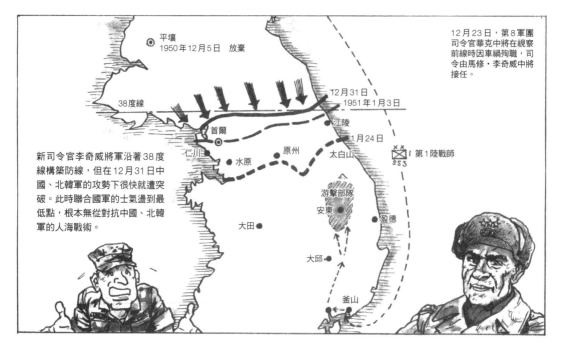

新司令官李奇威將軍沿著38度線構築防線，但在12月31日中國、北韓軍的攻勢下很快就遭突破。此時聯合國軍的士氣盪到最低點，根本無從對抗中國、北韓軍的人海戰術。

12月23日，第8軍團司令官華克中將在視察前線時因車禍殉職，司令由馬修・李奇威中將接任。

平壤
1950年12月5日 放棄

38度線

12月31日
1951年1月3日

首爾

仁川

水原

原州

江陵

1月24日

太白山

第1陸戰師

游擊部隊

安東

盈德

大田

大邱

釜山

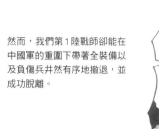

然而，我們第1陸戰師卻能在中國軍的重圍下帶著全裝備以及負傷兵井然有序地撤退，並成功脫離。

反而是意圖殲滅陸戰隊的中國第9兵團損失慘重，必須花時間恢復戰力，無法參與正月攻勢。

中國、北韓軍的大攻勢重新占領了首爾，讓聯合國軍後退至平澤—安城附近……。

如果此時投入第9兵團，那後果真是令人無法想像。第9兵團要到1951年3月左右才回歸戰線。

自北韓撤退之後，陸戰隊納入第8軍團（※）指揮，配屬於馬山地區當作預備兵力。

第1陸戰師的首項任務，是掃蕩安東—盈德地區的北韓游擊隊。

※原本直屬麥克阿瑟元帥的第10軍也編入第8軍團。

聯合國軍登陸仁川之後，有部分來不及撤走的北韓軍部隊遁入山中打游擊構成第2戰線，不斷對聯合國軍的後方地帶構成威脅。

中國、北韓軍發動正月攻勢時，太白山脈中大約1個師規模的游擊隊趁機南下，意圖切斷大邱—安東—原州的聯合國軍補給線。

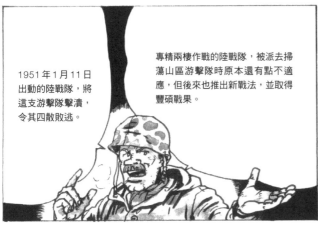

1951年1月11日出動的陸戰隊，將這支游擊隊擊潰，令其四散敗逃。

專精兩棲作戰的陸戰隊，被派去掃蕩山區游擊隊時原本還有點不適應，但後來也推出新戰法，並取得豐碩戰果。

陸戰隊的戰法，就是以火力包圍殲滅，並且仰賴空中偵察。

由於他們既不熟悉土地，又不通當地語言，因此情報蒐集主要依靠空中偵察，而不仰賴居民。

雖然游擊隊很難從空中發現，但在嚴冬期游擊隊也會住在村落中，因此搜索起來會比較輕鬆。

有游擊隊潛伏的村落從天上看來會有些異樣。
包括炊煙異常多、人員出入頻繁、對飛機與直升機充滿好奇心的小朋友不會跑出來看等等……。

將這些情況加以整理之後，便能挑出有問題的村子。

只要確定游擊隊的所在之處，便發動包圍攻擊。

若戰力無法完全包圍，便會在預想退路上配置部隊埋伏，剩下的部隊則靠火力與直升機彌補。

配置好埋伏部隊後，

便會通知村民離開並勸降游擊隊，而後發揮空、地戰力展開攻擊！

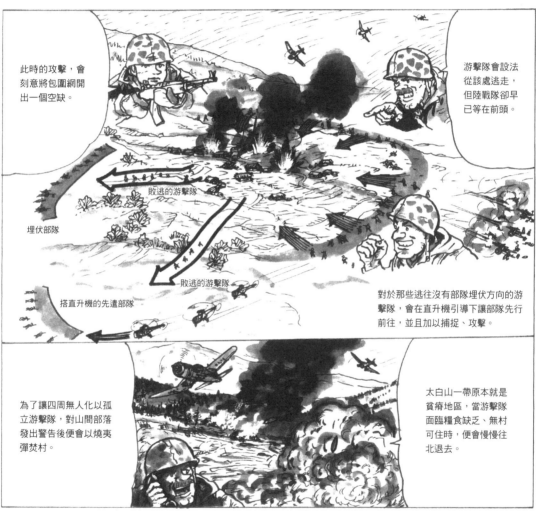

此時的攻擊，會刻意將包圍網開出一個空缺。

游擊隊會設法從該處逃走，但陸戰隊卻早已等在前頭。

埋伏部隊

敗逃的游擊隊

敗逃的游擊隊

搭直升機的先遣部隊

對於那些逃往沒有部隊埋伏方向的游擊隊，會在直升機引導下讓部隊先行前往，並且加以捕捉、攻擊。

為了讓四周無人化以孤立游擊隊，對山間部落發出警告後便會以燒夷彈焚村。

太白山一帶原本就是貧瘠地區，當游擊隊面臨糧食缺乏、無村可住時，便會慢慢往北退去。

陸戰隊的掃蕩作戰一直實施到2月中旬，應有2萬人的游擊隊，推定損失了3000人。

雖然戰果堪稱豐碩，但像這樣硬幹的戰術對於當地居民來說卻相當過份。

參加韓戰的陸戰隊飛行部隊

《F4U的尾翼代號》

LD
VMA-212

WE
VMA-214

WR
VMA-312

WS
VMA-323

WF
VMA（N）-513

WH
VMA（N）-542

《F2H-2P女妖式照相偵察機》

1951年服役，此機之前是使用海盜式的照相偵察型F4U-5P。圖中畫的是VMJ-1所屬機。

二戰時王牌飛行員輩出的「黑羊中隊（VMA-214）」隊徽。

《AD-3的尾翼代號》

AK
VMA-212

AL
VMA-251

《AD-3天襲者式攻擊機》

《F4U-5N夜間戰鬥機》

活躍於夜間攻擊與防空戰鬥。

《F4U-4海盜式戰鬥機》

圖中畫的是VMF-312所屬機。

《AD-2Q ECM型》

圖中畫的是VMC-1所屬機。

《OY-2偵察觀測機（VMO-6）》

陸戰隊飛行部隊的主要任務是在砲兵登陸之前為地面部隊提供密接支援，空、地協同作戰的協調性很高，每個步兵營各配置2名飛行員出身的前進管制官，他們會應部隊要求自地面以無線電直接引導密接支援機。

擁有自己的飛行隊是陸戰隊的強項，他們對地面部隊而言是相當可靠的夥伴。

《F9F的尾翼代號》

VMF-115

VMF-311

《F9F-5黑豹式戰鬥機》

陸戰隊投入了2個中隊，自1950年12月10日開始作戰，主要任務為對地攻擊。

《F7F-3N虎貓式戰鬥機（HEADRON）》

直屬聯隊部中隊（HEADRON）的部隊，於北韓境內從事夜間攻擊。

在韓戰中支援第1陸戰師的，是由哈利斯陸戰隊少將率領的第1陸戰隊飛行聯隊。戰力最多的時期包括5個日間戰鬥機中隊、2個夜間戰鬥機中隊。

《F3D-2N空中騎士式夜間（全天候）戰鬥機》

VFM（N）-513所屬機。取代F4U-5N，於1952年11月開始參與實戰。

《R-5D-1運輸機》

圖中畫的是VMR-152所屬機。

《R408（C-47）運輸機》

《TBM-3M運輸機》

《C-54運輸機》

以岩國基地為據點，負責為朝鮮半島運輸人員、物資。

用於人員／患者運輸。圖中畫的是MAMS-12所屬機。

《HRS-1直升機》

《HO-3S-1直升機》

圖中畫的是MAMS-33所屬機。

圖中畫的是HMR-161所屬機。

■陸戰隊飛行中隊代號

HEDRON	陸戰隊聯隊部中隊
VMC	陸戰隊混合中隊
VMJ	陸戰隊照相偵察機中隊
MAMS	陸戰隊航空修護中隊
VMO	陸戰隊觀測機中隊
VMR	陸戰隊運輸機中隊
VMF	陸戰隊戰鬥機中隊
VMF（N）	陸戰隊戰鬥機中隊（夜間）
VMA	陸戰隊攻擊機中隊

冬季作戰的軍裝（1950～51年）

《美國陸戰隊》

《韓國軍》

《北韓游擊隊》

共產軍游擊隊的主力是北韓軍，防寒衣為夾層棉式。有些隊員之後會換上與老百姓相同的服裝。

身穿國產夾層棉防寒衣的士兵，除此之外也會穿美軍的野戰夾克等。

陸戰隊即使是在雪地裡也還是使用迷彩盔布。

對游擊隊據點的攻擊

《全方位攻擊》

《單方向攻擊》

埋伏部隊

《雙方向攻擊》

《巨鎚作戰》

打擊部隊搭乘直升機移動。

包圍四周，然後縮小包圍網是最佳方法。

打擊部隊

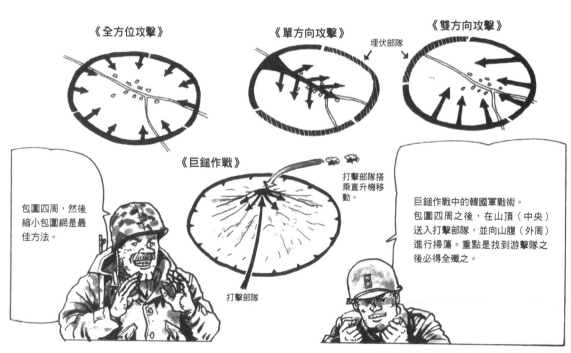

巨鎚作戰中的韓國軍戰術。
包圍四周之後，在山頂（中央）送入打擊部隊，並向山腹（外周）進行掃蕩。重點是找到游擊隊之後必得全殲之。

直升機的活躍

陸戰隊最先派往朝鮮的直升機，是隸屬MAG33的VMO第6中隊的HO3S-1。

直升機於第二次世界大戰末期首次出現在戰場上，而陸戰隊則在韓戰實施首次機降作戰。

1950年8月2日，直升機抵達釜山後，於翌日搭載陸戰隊的克雷格准將執行偵察任務，顯示它有能力支援前線指揮。

《 HO3S-1 》

為了載運傷兵，機體兩側可以裝上放擔架用的掛架。

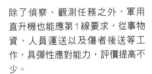

之前還不太被重視的直升機，一旦運用起來，就發現它的能耐超乎預期。

透過實戰也證明直升機有辦法耐受敵方槍擊。

除了偵察、觀測任務之外，軍用直升機也能應第1線要求，從事物資、人員運送以及傷者後送等工作，具彈性應對能力，評價提高不少。

《 HRS-1 》

1951年9月13日首次執行物資運輸任務，21日於山頂作戰中首次實施機降。此作戰總共運送224名人員與8t貨物到潘趣缽地區。

1951年9月，為了支援立體作戰，陸戰隊認為必須具備更大的空運能力，因此派遣運輸直升機中隊HMR-161前往朝鮮。

空軍的直升機也於1950年9月4日成功執行降落敵區營救飛行員的戰鬥救護行動。

陸、海軍也派遣直升機部隊，活躍於各種任務。

殺手行動與停戰協定的成立

中國、北韓軍的1951年攻勢於1月15日停止。這是為什麼呢?

因為當時中國、北韓軍的補給能力尚無法支持長期攻勢。根據俘虜口供,中國軍的士兵只有領到5天份的玉米與粟米作為軍糧。

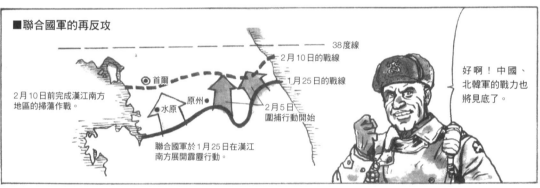

■聯合國軍的再反攻

2月10日前完成漢江南方地區的掃蕩作戰。

38度線
2月10日的戰線
1月25日的戰線
2月5日圍捕行動開始

首爾
水原　原州

聯合國軍於1月25日在漢江南方展開霹靂行動。

好啊!中國、北韓軍的戰力也將見底了。

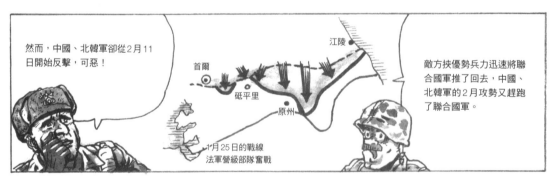

然而,中國、北韓軍卻從2月11日開始反擊,可惡!

江陵
首爾
砥平里
原州

1月25日的戰線
法軍營級部隊奮戰

敵方挾優勢兵力迅速將聯合國軍推了回去,中國、北韓軍的2月攻勢又趕跑了聯合國軍。

然而,中國、北韓軍2月攻勢的前線與後方補給也在聯合國軍的砲擊與空襲下損失慘重,1個禮拜便自然消滅。

好!這次就換我們正式進攻,奪回首爾。

殺手行動　1951年2月21日

戰場主導權轉移至聯合國陣營，李奇威將軍發動奪回2月攻勢失地的殺手作戰。

我們陸戰隊也結束掃蕩游擊隊的任務，納入第9軍擔任攻擊主力，重新回到前線。

然而，這場作戰原本意圖殲滅中國、北朝鮮軍的目的卻未達成。

第1陸戰師
第1騎兵師
洪川
首爾
橫城
砥平里
2月28日
2月21日
原川
第1軍「西部」
第9軍「中部」
第10軍「東部」
韓國第1軍
韓國第3軍

這場作戰剛開打時曾因豪雨陷入困頓，但是到了2月底仍舊抵達預定推進線。

作戰取名為「Killer」（※1）還是有點……。

你說名字啊？那麼下一場作戰就叫「Ripper」（※2）如何？

李奇威中將

「Ripper」嗎？

好，就叫「Ripper」吧。馬上著手準備作戰。

（※1）「Killer」是殺手的意思，以之命名作戰，意思是要盡可能多殺一些敵人，有人認為太過露骨。
（※2）「Ripper」除了「撕裂」、「切割」之外，也有「開膛手」等殺人魔之意。

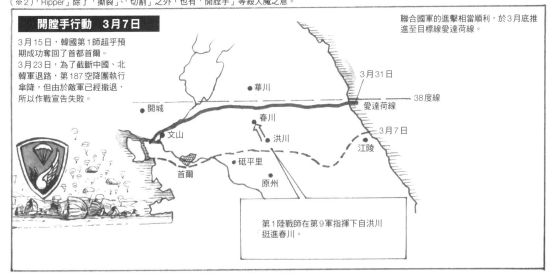

開膛手行動　3月7日

聯合國軍的進擊相當順利，於3月底推進至目標線愛達荷線。

3月15日，韓國第1師超乎預期成功奪回了首都首爾。
3月23日，為了截斷中國、北韓軍退路，第187空降團執行傘降，但由於敵軍已經撤退，所以作戰宣告失敗。

華川
開城
3月31日
愛達荷線
38度線
文山
春川
洪川
江陵
3月7日
首爾
砥平里
原州

第1陸戰師在第9軍指揮下自洪川挺進春川。

當高層還在爭論不休時，中國、北韓軍已經開始反攻了。

我們是從4月22日開始攻擊。

他們很乾脆地供出情報，應該沒被教過遭俘虜後該怎辦。

中國、北韓軍的攻勢

中國、北韓軍的4月攻勢始於4小時的準備砲擊，主攻指往首爾方向。聯合國軍這次也決心死守首爾，利用壓倒性的火力與空軍戰力，總算把中國、北韓軍擋在首爾前面。

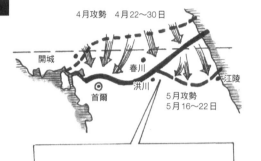

4月攻勢　4月22～30日

開城
春川
洪川
首爾
江陵

5月攻勢
5月16～22日

第1陸戰師在5月攻勢前調整編組，改隸第10軍，擋回了中國軍的攻勢。

4月攻勢約2週後又展開5月攻勢，攻向東部的韓國軍，但在聯合國軍反擊下，中國、北韓軍的攻擊僅5天便告終止。中國、北韓軍在這兩場攻勢損失的人員推估有20萬人。

他們的攻擊方式真的很像日軍，日軍也是只靠手上的彈藥和軍糧發動攻擊，用光後便只能敗退。

中國、北韓軍持有的彈藥、糧食在4月只有10天份，5月只有5天份，相當有限。

戰線的固定化　1952年7月

在中國、北韓軍的5月攻勢之後，聯合國軍追擊抵達主抵抗線「塔薩斯線」，並且在此加固防禦。之後則推進至前哨線「懷俄明線」，以將敵方攻勢準備地區「潘趣鉢」與「鐵三角地帶」納入制壓範圍。

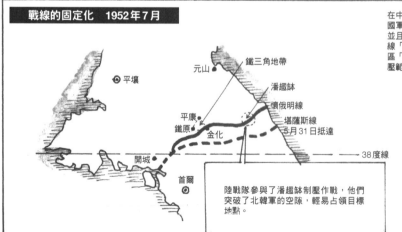

平壤
元山
鐵三角地帶
潘趣鉢
平康
懷俄明線
鐵原
金化
塔薩斯線
5月31日抵達
開城
38度線
首爾

陸戰隊參與了潘趣鉢制壓作戰，他們突破了北韓軍的空隙，輕易占領目標地點。

緊急命令，陸戰隊不再是預備隊，而要代替第1騎兵師打頭陣，1天夠你們準備吧。

將軍，準備工作不超過1個小時，是咱們陸戰隊的座右銘，請您放心。

中國、北韓軍正在撤退，敵人似於鐵三角地帶準備發動攻勢。此舉是為跨過38度線，展開「蠻勇行動」。

對陸戰隊來說，所謂「困難」指的是比容易還要多花30分鐘，所謂「不可能」指的也是比困難還要多花30分鐘。也就是說，只要有1個小時，就沒什麼事情辦不到。
弟兄們！出擊啦‼

蠻勇行動　4月4日

華川
水壩
38度線
北漢江
春川

陸戰隊渡過了春川北方的北漢江，往華川挺進。中國軍打開了水壩的水門製造洪水阻礙前進，但聯合國軍仍越過38度線持續北進。

正當聯合國軍北上時，麥克阿瑟元帥與美國政府間的對立也持續升高。

這真是亂來，你是想引發第三次世界大戰嗎？

1.攻擊中國東北的基地
2.封鎖中國本土海岸
3.讓在臺灣的國民政府反攻大陸……
應該採取更積極的作戰以求勝利。

最後，杜魯門總統於4月11日決定解除元帥的職務。

杜魯門總統

麥克阿瑟元帥

第8軍團司令官由范‧符立德中將接任

李奇威中將升格為聯合國軍總司令官。

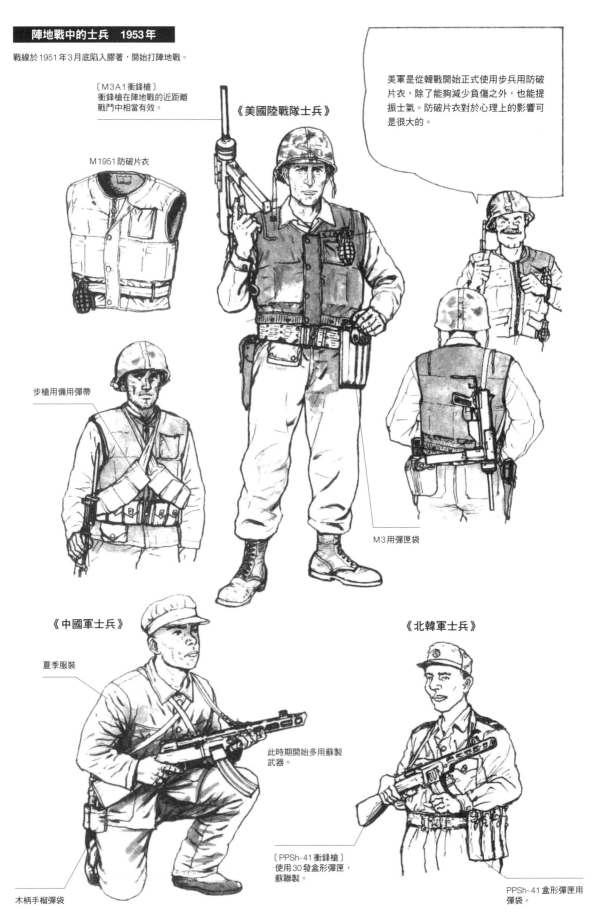

陣地戰中的士兵　1953年

戰線於1951年3月底陷入膠著，開始打陣地戰。

美軍是從韓戰開始正式使用步兵用防破片衣，除了能夠減少負傷之外，也能提振士氣。防破片衣對於心理上的影響可是很大的。

〔M3A1衝鋒槍〕
衝鋒槍在陣地戰的近距離戰鬥中相當有效。

《美國陸戰隊士兵》

M1951防破片衣

步槍用備用彈帶

M3用彈匣袋

《中國軍士兵》

《北韓軍士兵》

夏季服裝

此時期開始多用蘇製武器。

〔PPSh-41衝鋒槍〕
使用30發盒形彈匣，蘇聯製。

木柄手榴彈袋

PPSh-41盒形彈匣用彈袋。

美國陸戰隊戰車兵

M1944 護目鏡

由於戰車盔不具耐彈性，因此有時也會再戴一頂M1鋼盔。

P1944 HBT 工作服

野戰用制服與步兵同款。至於飛行員的制服則從螺旋槳機過度至噴射機，雖然出現了塑膠頭盔與抗G衣，但仍保有二次大戰風格。

無線／車內通話用
T-17麥克風

M7肩掛式手槍套

〔M1951防破片衣〕
常從頂門探出身子的車長多會著用。

〔H4飛行頭盔〕
外盔是玻璃纖維材質，內襯則是帶有耳機的布製飛行帽。

戰鬥機飛行員

Mk. II 救生衣

B6護目鏡

A-14
氧氣面罩

直升機機組員

裝有H-4頭盔的麥克風組

於HBT工作服上著用Mk. II救生衣。

閃光燈

肩掛式手槍套
（.38口徑轉輪手槍用）

求生工具用口袋

Z-2抗G衣

《穿上降落傘套帶的狀態》

堪薩斯線

堪薩斯線被視為事實上的停戰線,在主抵抗線與不後退線挖掘深壕並構築掩蔽陣地,自臨津江至東海岸,長度達到200km,完成有若萬里長城的塹壕陣地帶。

在暗夜裡可聽見唱歌聲、哼歌聲、講話聲。有時甚至還會傳來「起床啦陸戰隊!」等英語。

接著，便突然響起銅鈸，伴隨連神也為之恐懼的叫喊，並飛來數百顆手榴彈。

這就是中國軍最擅長的人海戰術。

就算將之擊退，到了晚上他們必定又會大舉捲土重來。

咱們只能把手榴彈丟回去，一邊不斷開火，一邊後退至50碼、60碼等適當地點，等待砲兵支援。

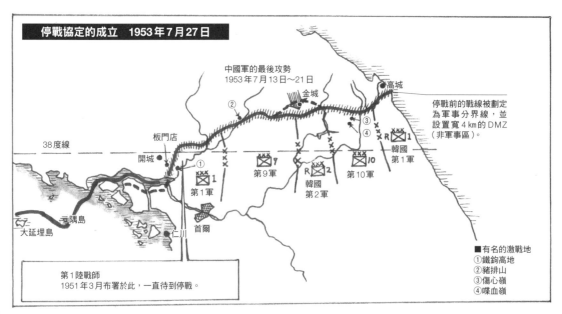

停戰協定的成立　1953年7月27日

中國軍的最後攻勢
1953年7月13日～21日

金城

高城

停戰前的戰線被劃定
為軍事分界線，並
設置寬4km的DMZ
（非軍事區）。

38度線

板門店

開城

②

③

④

R ⊠ 1

韓國
第1軍

R ⊠ 2

韓國
第2軍

①

⊠ 1

第1軍

⊠ 9

第9軍

⊠ 10

第10軍

Ｘ隅島

大延埋島

仁川

首爾

■有名的激戰地
①鐵鉤高地
②豬排山
③傷心嶺
④喋血嶺

第1陸戰師
1951年3月布署於此，一直待到停戰。

接下來就是要沿著停戰線爭奪陣地了。

咱們本來就專精兩棲作戰，島嶼爭奪戰就交給咱們吧。

陸戰隊要調到西部的第1軍那裡去，如此一來首爾的防禦就固若金湯了。

即便板門店正在進行停戰會談，兩軍依舊持續激戰。

會談一下中斷一下重啟，期間聯合國軍總司令從李奇威上將交棒給克拉克上將（1952年5月21日），就連美國總統也換成艾森豪（1952年11月5日）。

戰鬥與交涉穿插進行，最後於1953年7月27日簽署了停戰協定。

自1950年6月25日凌晨4點開戰以來，經過3年1個月又2天又18小時，戰鬥終於停止。
停戰當時的兵力為聯合國軍77萬人，中國、北韓軍100萬人。
3年間兩軍的損失為聯合國軍約99萬7000人，中國、北韓軍約142萬人。
陸戰隊陣亡4262人，負傷2萬38人。
7月27日晚間10點，停戰協定正式生效……。

真的停戰了嗎？

27日警戒了一整個晚上，但是完全沒有聽見槍響。

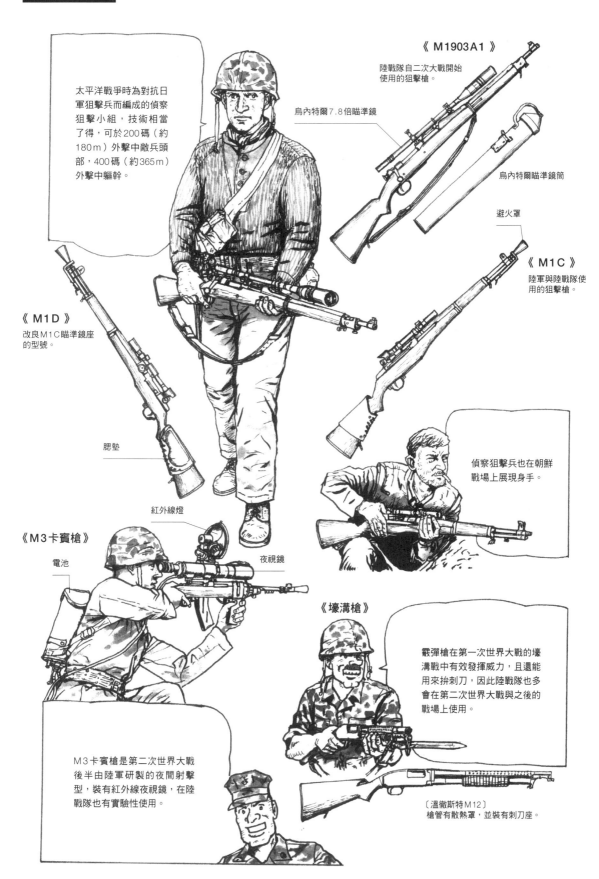

《 M1903A1 》
陸戰隊自二次大戰開始使用的狙擊槍。

烏內特爾7.8倍瞄準鏡

烏內特爾瞄準鏡筒

避火罩

太平洋戰爭時為對抗日軍狙擊兵而編成的偵察狙擊小組，技術相當了得，可於200碼（約180m）外擊中敵兵頭部，400碼（約365m）外擊中軀幹。

《 M1C 》
陸軍與陸戰隊使用的狙擊槍。

《 M1D 》
改良M1C瞄準鏡座的型號。

腮墊

偵察狙擊兵也在朝鮮戰場上展現身手。

紅外線燈

《M3卡賓槍》

電池

夜視鏡

《壕溝槍》

霰彈槍在第一次世界大戰的壕溝戰中有效發揮威力，且還能用來拚刺刀，因此陸戰隊也多會在第二次世界大戰與之後的戰場上使用。

M3卡賓槍是第二次世界大戰後半由陸軍研製的夜間射擊型，裝有紅外線夜視鏡，在陸戰隊也有實驗性使用。

〔溫徹斯特M12〕
槍管有散熱罩，並裝有刺刀座。

登陸作戰

《登陸部隊的搶灘隊形》

於二次大戰發展完成的登陸作戰

這就是摧毀日軍水際防禦的登陸作戰！

登陸作戰開始前，會由戰艦等實施艦砲射擊。

第1波打頭陣的火力支援艇會在灘頭前向登陸部隊側面駛離。

LVT（A）-4

LVT-4

LCM

第1波接近至離灘頭400ｍ時，艦砲射擊的目標便會往灘頭遠處移動。

LVT（A）-4會以75mm榴彈砲攻擊灘頭正面目標。

在空中支援下，第1波搶灘登陸，構築灘頭堡。

在部隊搶灘前便於空中待命的飛機，會對搶灘地區實施空襲。

LVT也依據戰訓加裝有防盾的機槍，在後續戰車登陸前為步兵提供支援。

第二次世界大戰時期，陸戰隊主要是在太平洋方面作戰，累積許多經驗，提升了登陸作戰的戰術。

美軍的登陸作戰艦艇

從運送登陸部隊到搶灘，會用到各種艦艇與車輛，這些登陸作戰用的兵器也會不斷推陳出新。

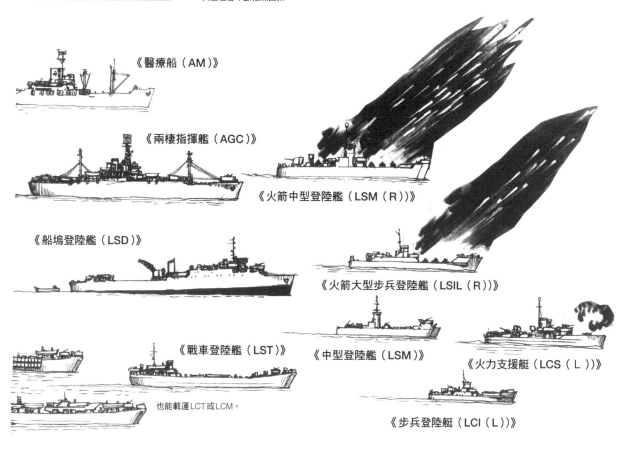

《醫療船（AM）》

《兩棲指揮艦（AGC）》

《火箭中型登陸艦（LSM（R））》

《船塢登陸艦（LSD）》

《火箭大型步兵登陸艦（LSIL（R））》

《戰車登陸艦（LST）》

也能載運LCT或LCM。

《中型登陸艦（LSM）》

《火力支援艇（LCS（L））》

《步兵登陸艇（LCI（L））》

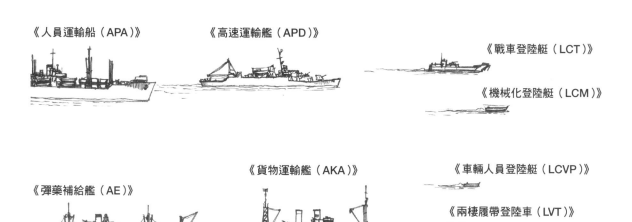

《人員運輸船（APA）》

《高速運輸艦（APD）》

《戰車登陸艇（LCT）》

《機械化登陸艇（LCM）》

《貨物運輸艦（AKA）》

《車輛人員登陸艇（LCVP）》

《彈藥補給艦（AE）》

《兩棲履帶登陸車（LVT）》

《兩棲輪型登陸車（DUKW）》

美國陸戰隊的兩棲作戰

兩棲登陸作戰是以海路將陸戰部隊送入敵區的戰法。實施大規模兩棲作戰時，登陸地點將會是敵方勢力範圍，且會配置阻止搶灘用的各種障礙物以及守備部隊。登陸部隊必須從完全沒有掩蔽物的海上向灘頭推進，形勢相當不利。

美軍為了克服這個弱點，在第二次世界大戰時會以戰艦、巡洋艦等船艦與支援艦艇、飛機等為搶灘部隊提供火力支援。兩棲作戰在太平洋戰區的各島嶼累積許多成功經驗之後，搶灘戰術與技術便隨之進步，變得更有效率。

韓戰時期，美國陸戰隊的戰術也在仁川等地也充分發揮機能，成功執行登陸作戰。

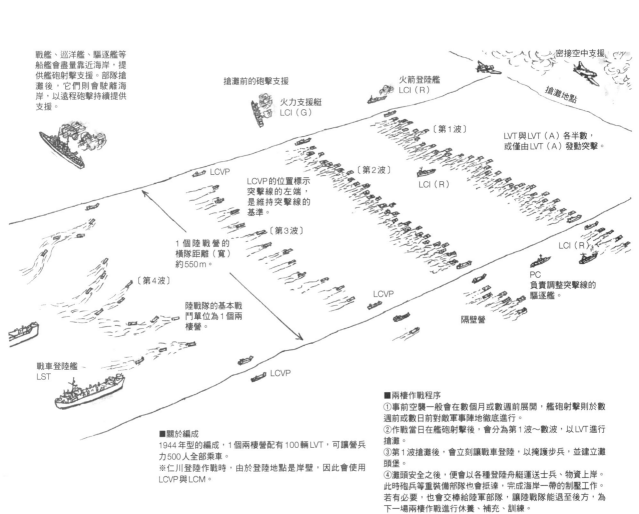

戰艦、巡洋艦、驅逐艦等船艦會盡量靠近海岸，提供艦砲射擊支援。部隊搶灘後，它們則會駛離海岸，以遠程砲擊持續提供支援。

密接空中支援

搶灘前的砲擊支援

火箭登陸艦 LCI（R）

搶灘地點

火力支援艇 LCI（G）

〔第1波〕

LVT與LVT（A）各半數，或僅由LVT（A）發動突擊。

LCVP

〔第2波〕

LCI（R）

LCVP的位置標示突擊線的左端，是維持突擊線的基準。

〔第3波〕

1個陸戰營的橫隊距離（寬）約550m。

LCI（R）

PC 負責調整突擊線的驅逐艦。

〔第4波〕

陸戰隊的基本戰鬥單位為1個兩棲營。

LCVP

隔壁營

戰車登陸艦 LST

LCVP

■關於編成
1944年型的編成，1個兩棲營配有100輛LVT，可讓營兵力500人全部乘車。
※仁川登陸作戰時，由於登陸地點是岸壁，因此會使用LCVP與LCM。

■兩棲作戰程序
①事前空襲一般會在數個月或數週前展開，艦砲射擊則於數週前或數日前對敵軍事陣地徹底進行。
②作戰當日在艦砲射擊後，會分為第1波～數波，以LVT進行搶灘。
③第1波搶灘後，會立刻讓戰車登陸，以掩護步兵，並建立灘頭堡。
④灘頭安全之後，便會以各種登陸舟艇運送士兵、物資上岸。此時砲兵等重裝備部隊也會抵達，完成海岸一帶的制壓工作。若有必要，也會交棒給陸軍部隊，讓陸戰隊能退至後方，為下一場兩棲作戰進行休養、補充、訓練。

聯合國軍的
兵器&軍裝

輕兵器

韓戰爆發於二次大戰結束5年後，當時聯合國軍配備的輕兵器，主要型號仍與二次大戰相同。除美國、英國以外的聯合國部隊所用之輕兵器，韓國、土耳其、泰國、菲律賓、衣索比亞、荷蘭等國會使用美國製品，大英國協等則使用英國製品。

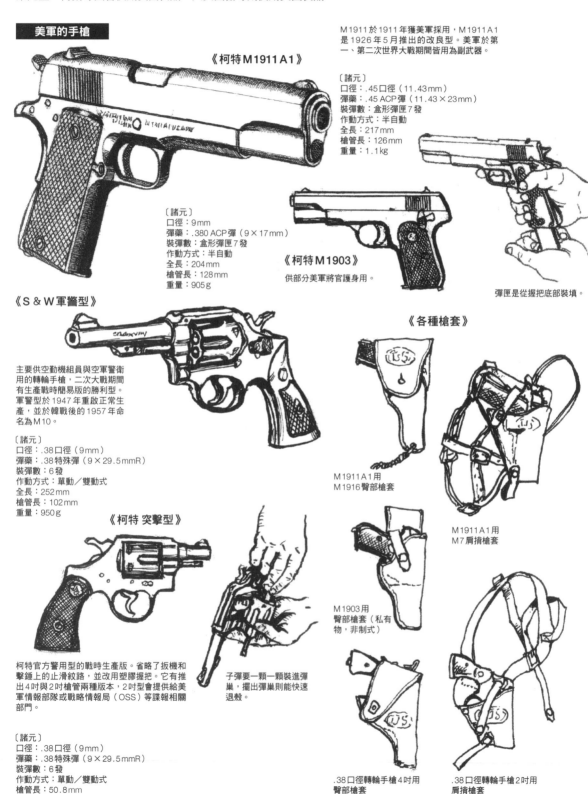

美軍的手槍

M1911於1911年獲美軍採用，M1911A1是1926年5月推出的改良型。美軍於第一、第二次世界大戰期間皆用為副武器。

《柯特M1911A1》

〔諸元〕
口徑：.45口徑（11.43mm）
彈藥：.45 ACP彈（11.43×23mm）
裝彈數：盒形彈匣7發
作動方式：半自動
全長：217mm
槍管長：126mm
重量：1.1kg

〔諸元〕
口徑：9mm
彈藥：.380 ACP彈（9×17mm）
裝彈數：盒形彈匣7發
作動方式：半自動
全長：204mm
槍管長：128mm
重量：905g

《柯特M1903》
供部分美軍將官護身用。

彈匣是從握把底部裝填。

《S＆W軍警型》

主要供空勤機組員與空軍警衛用的轉輪手槍，二次大戰期間有生產戰時簡易版的勝利型。軍警型於1947年重啟正常生產，並於韓戰後的1957年命名為M10。

〔諸元〕
口徑：.38口徑（9mm）
彈藥：.38特殊彈（9×29.5mmR）
裝彈數：6發
作動方式：單動／雙動式
全長：252mm
槍管長：102mm
重量：950g

《柯特 突擊型》

柯特官方警用型的戰時生產版。省略了扳機和擊錘上的止滑紋路，並改用塑膠握把。它有推出4吋與2吋槍管兩種版本，2吋型會提供給美軍情報部隊或戰略情報局（OSS）等諜報相關部門。

〔諸元〕
口徑：.38口徑（9mm）
彈藥：.38特殊彈（9×29.5mmR）
裝彈數：6發
作動方式：單動／雙動式
槍管長：50.8mm

子彈要一顆一顆裝進彈巢，擺出彈巢則能快速退殼。

《各種槍套》

M1911A1用
M1916臀部槍套

M1911A1用
M7肩揹槍套

M1903用
臀部槍套（私有物，非制式）

.38口徑轉輪手槍4吋用
臀部槍套

.38口徑轉輪手槍2吋用
肩揹槍套

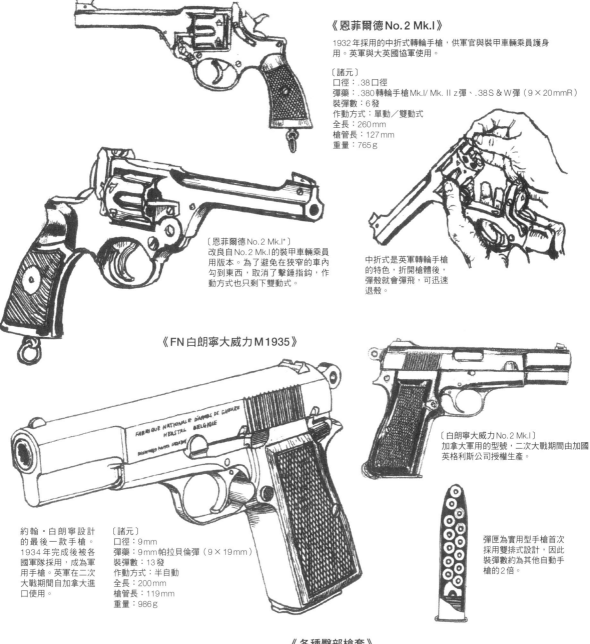

《恩菲爾德No.2 Mk.I》

1932年採用的中折式轉輪手槍,供軍官與裝甲車輛乘員護身用。英軍與大英國協軍使用。

〔諸元〕
口徑:.38口徑
彈藥:.380轉輪手槍Mk.I/ Mk.II z彈、.38 S & W彈(9×20mmR)
裝彈數:6發
作動方式:單動/雙動式
全長:260mm
槍管長:127mm
重量:765g

〔恩菲爾德No.2 Mk.I*〕
改良自No.2 Mk.I的裝甲車輛乘員用版本。為了避免在狹窄的車內勾到東西,取消了擊錘指鈎,作動方式也只剩下雙動式。

中折式是英軍轉輪手槍的特色,折開槍體後,彈殼就會彈飛,可迅速退殼。

《FN白朗寧大威力M1935》

〔白朗寧大威力No.2 Mk.I〕
加拿大軍用的型號,二次大戰期間由加國英格利斯公司授權生產。

約翰・白朗寧設計的最後一款手槍。1934年完成後被各國軍隊採用,成為軍用手槍。英軍在二次大戰期間自加拿大進口使用。

〔諸元〕
口徑:9mm
彈藥:9mm帕拉貝倫彈(9×19mm)
裝彈數:13發
作動方式:半自動
全長:200mm
槍管長:119mm
重量:986g

彈匣為實用型手槍首次採用雙排式設計,因此裝彈數約為其他自動手槍的2倍。

《各種臀部槍套》

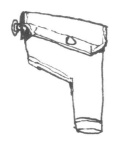

恩菲爾德用

恩菲爾德裝甲車輛乘員用

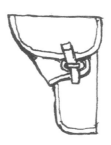

白朗寧大威力No.2 Mk.II用

加拿大軍白朗寧大威力用

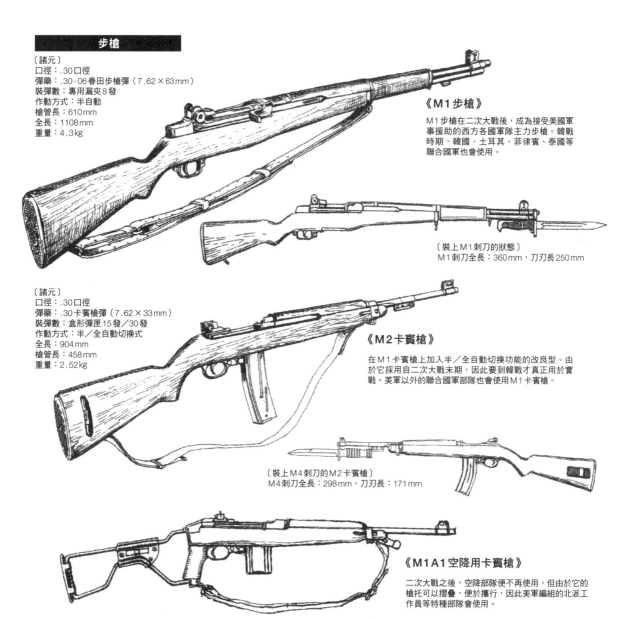

步槍

〔諸元〕
口徑：.30口徑
彈藥：.30-06春田步槍彈（7.62×63mm）
裝彈數：專用漏夾8發
作動方式：半自動
槍管長：610mm
全長：1108mm
重量：4.3kg

《M1步槍》

M1步槍在二次大戰後，成為接受美國軍事援助的西方各國軍隊主力步槍。韓戰時期，韓國、土耳其、菲律賓、泰國等聯合國軍也會使用。

〔裝上M1刺刀的狀態〕
M1刺刀全長：360mm，刀刃長250mm

〔諸元〕
口徑：.30口徑
彈藥：.30卡賓槍彈（7.62×33mm）
裝彈數：盒形彈匣15發／30發
作動方式：半／全自動切換式
全長：904mm
槍管長：458mm
重量：2.52kg

《M2卡賓槍》

在M1卡賓槍上加入半／全自動切換功能的改良型。由於它採用自二次大戰末期，因此要到韓戰才真正用於實戰。美軍以外的聯合國軍部隊也會使用M1卡賓槍。

〔裝上M4刺刀的M2卡賓槍〕
M4刺刀全長：298mm，刀刃長：171mm

《M1A1空降用卡賓槍》

二次大戰之後，空降部隊便不再使用，但由於它的槍托可以摺疊，便於攜行，因此美軍編組的北派工作員等特種部隊會使用。

美軍的狙擊槍

M1C是陸軍以M1步槍為基礎改造而成的首款狙擊槍，於1944年7月採用。陸戰隊在C型裝上4倍的MC-1瞄準鏡，於1952年制式採用為MC1952狙擊槍。裝在刺刀座上的避火罩據說會影響射擊精度，因此用槍時常會把它卸除。圖為裝上2.2倍M82瞄準鏡的型號。
M1D是接在M1C之後採用的衍生型狙擊槍，瞄準鏡的裝法與C型不同。M1C與D皆於二次大戰期間大量生產，並使用於韓戰。圖中的M1D裝的是2.2倍M84瞄準鏡。

《M1C》

《M1D》

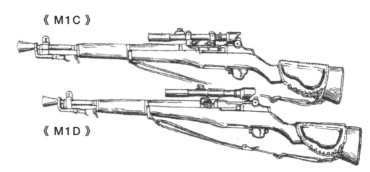

《M1903A4》

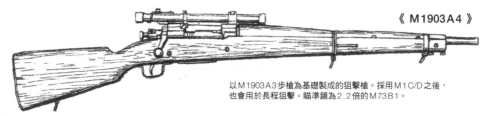

以M1903A3步槍為基礎製成的狙擊槍。採用M1C/D之後，也會用於長程狙擊。瞄準鏡為2.2倍的M73B1。

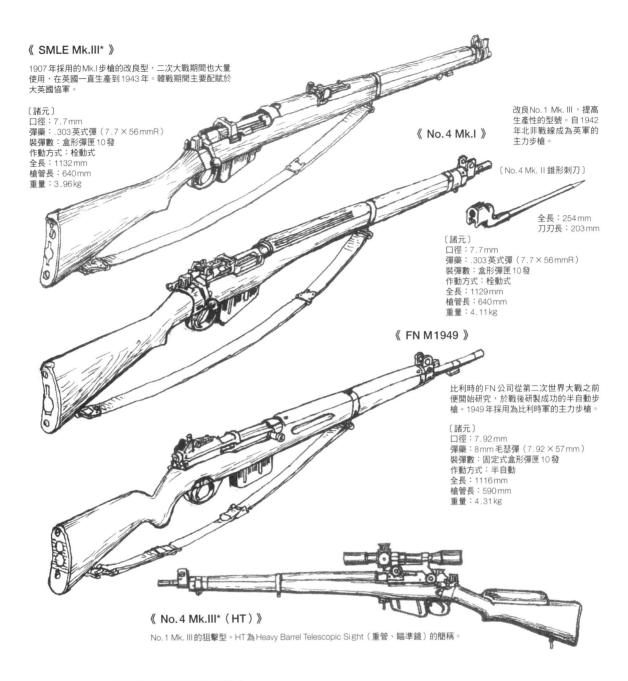

《SMLE Mk.III*》

1907 年採用的 Mk.I 步槍的改良型，二次大戰期間也大量使用，在英國一直生產到 1943 年。韓戰期間主要配賦於大英國協軍。

〔諸元〕
口徑：7.7mm
彈藥：.303 英式彈（7.7×56mmR）
裝彈數：盒形彈匣 10 發
作動方式：栓動式
全長：1132mm
槍管長：640mm
重量：3.96kg

《No.4 Mk.I》

改良 No.1 Mk.III，提高生產性的型號。自 1942 年北非戰線成為英軍的主力步槍。

〔No.4 Mk.II 錐形刺刀〕

全長：254mm
刀刃長：203mm

〔諸元〕
口徑：7.7mm
彈藥：.303 英式彈（7.7×56mmR）
裝彈數：盒形彈匣 10 發
作動方式：栓動式
全長：1129mm
槍管長：640mm
重量：4.11kg

《FN M1949》

比利時的 FN 公司從第二次世界大戰之前便開始研究，於戰後研製成功的半自動步槍。1949 年採用為比利時軍的主力步槍。

〔諸元〕
口徑：7.92mm
彈藥：8mm 毛瑟彈（7.92×57mm）
裝彈數：固定式盒形彈匣 10 發
作動方式：半自動
全長：1116mm
槍管長：590mm
重量：4.31kg

《No.4 Mk.III*（HT）》

No.1 Mk.III 的狙擊型。HT 為 Heavy Barrel Telescopic Sight（重管、瞄準鏡）的簡稱。

美軍的霰彈槍　美軍用於守衛基地的 12 鉛徑型。

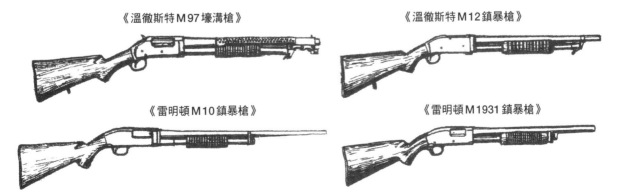

《溫徹斯特 M97 壕溝槍》　　　　　《溫徹斯特 M12 鎮暴槍》

《雷明頓 M10 鎮暴槍》　　　　　《雷明頓 M1931 鎮暴槍》

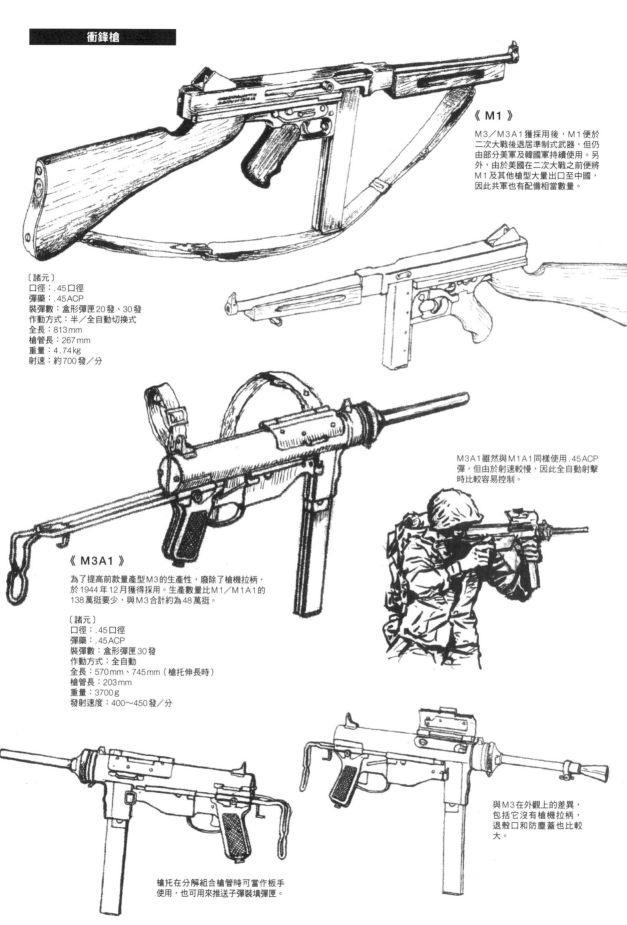

《 M1 》

M3／M3A1獲採用後，M1便於
二次大戰後退居準制式武器，但仍
由部分美軍及韓國軍持續使用。另
外，由於美國在二次大戰之前便將
M1及其他槍型大量出口至中國，
因此共軍也有配備相當數量。

〔諸元〕
口徑：.45口徑
彈藥：.45ACP
裝彈數：盒形彈匣20發、30發
作動方式：半／全自動切換式
全長：813mm
槍管長：267mm
重量：4.74kg
射速：約700發／分

M3A1雖然與M1A1同樣使用.45ACP
彈，但由於射速較慢，因此全自動射擊
時比較容易控制。

《 M3A1 》

為了提高前款量產型M3的生產性，廢除了槍機拉柄，
於1944年12月獲得採用。生產數量比M1／M1A1的
138萬挺要少，與M3合計約為48萬挺。

〔諸元〕
口徑：.45口徑
彈藥：.45ACP
裝彈數：盒形彈匣30發
作動方式：全自動
全長：570mm、745mm（槍托伸長時）
槍管長：203mm
重量：3700g
發射速度：400～450發／分

與M3在外觀上的差異，
包括它沒有槍機拉柄，
退殼口和防塵蓋也比較
大。

槍托在分解組合槍管時可當作板手
使用，也可用來推送子彈填彈匣。

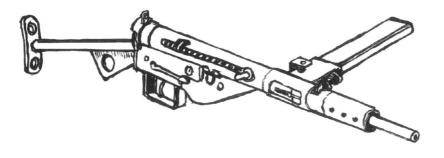

《斯登Mk.Ⅱ》

改良自Mk.Ⅰ，簡化準星與槍托，並縮短槍管護套。它是系列槍型中產量最多者，1942～1944年間約製造200萬挺。韓戰期間由大英國協軍使用。

〔諸元〕
口徑：9mm
彈藥：9mm帕拉貝倫彈（9×19mm）
裝彈數：盒形彈匣32發、50發
作動方式：半／全自動切換式
全長：760mm
槍管長：196mm
重量：3.18kg
發射速度：約500發／分

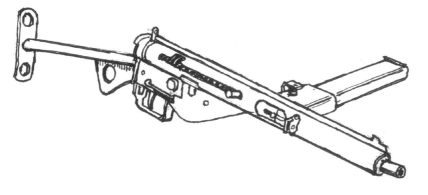

《斯登Mk.Ⅲ》

減少零件數量，將機匣與槍管護套合為一體，採用銲接加工固定，是Mk.Ⅱ的更簡化版。由於它是戰時簡易生產品，因此在二戰時的評價很差，大戰之後英軍便不再配備，不過仍有部分大英國協軍持續使用。

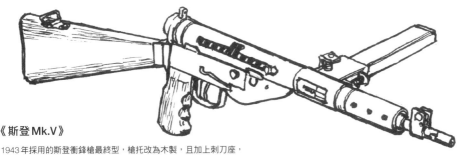

《斯登Mk.V》

1943年採用的斯登衝鋒槍最終型，槍托改為木製，且加上刺刀座，可裝上錐形刺刀（右下圖）。

〔諸元〕
全長：762mm
槍管長：198mm
重量：3.85kg
發射速度：約500發／分

〔No.4 Mk.Ⅱ錐形刺刀〕

〔諸元〕
口徑：9mm
彈藥：9mm帕拉貝倫彈（9×19mm）
裝彈數：盒形彈匣32發
作動方式：全自動
全長：940mm
槍管長：250mm
重量：3.47kg
發射速度：600發／分

《歐文Mk.Ⅱ／43》

改良自1942年採用的Mk.Ⅰ／42。除了澳大利亞軍之外，紐西蘭、荷蘭軍也有使用。

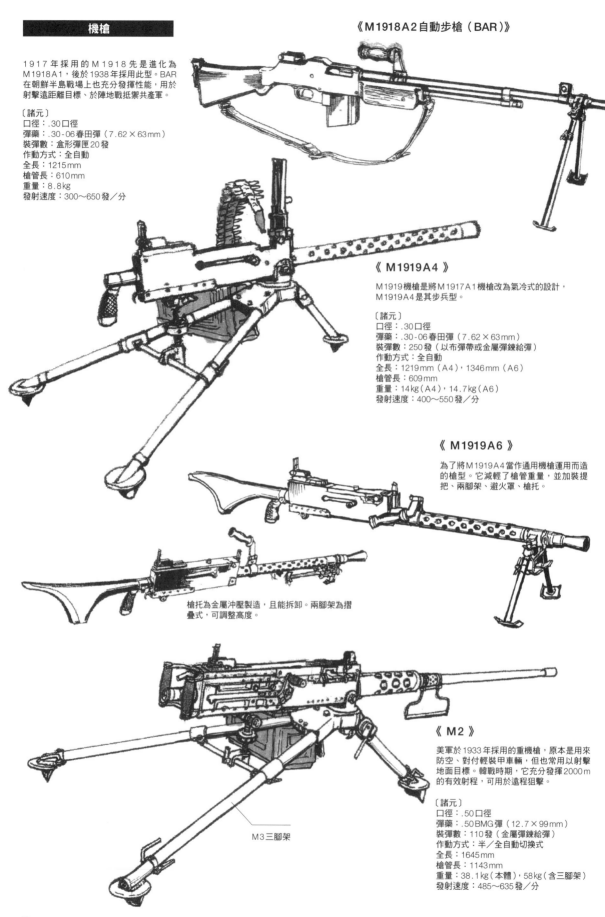

《M1918A2自動步槍（BAR）》

1917年採用的M1918先是進化為M1918A1，後於1938年採用此型。BAR在朝鮮半島戰場上也充分發揮性能，用於射擊遠距離目標、於陣地戰抵禦共產軍。

〔諸元〕
口徑：.30口徑
彈藥：.30-06春田彈（7.62×63mm）
裝彈數：盒形彈匣20發
作動方式：全自動
全長：1215mm
槍管長：610mm
重量：8.8kg
發射速度：300～650發／分

《M1919A4》

M1919機槍是將M1917A1機槍改為氣冷式的設計，M1919A4是其步兵型。

〔諸元〕
口徑：.30口徑
彈藥：.30-06春田彈（7.62×63mm）
裝彈數：250發（以布彈帶或金屬彈鍊給彈）
作動方式：全自動
全長：1219mm（A4），1346mm（A6）
槍管長：609mm
重量：14kg（A4），14.7kg（A6）
發射速度：400～550發／分

《M1919A6》

為了將M1919A4當作通用機槍運用而造的槍型。它減輕了槍管重量，並加裝提把、兩腳架、避火罩、槍托。

槍托為金屬沖壓製造，且能拆卸。兩腳架為摺疊式，可調整高度。

《M2》

美軍於1933年採用的重機槍，原本是用來防空、對付輕裝甲車輛，但也常用以射擊地面目標。韓戰時期，它充分發揮2000m的有效射程，可用於遠程狙擊。

〔諸元〕
口徑：.50口徑
彈藥：.50BMG彈（12.7×99mm）
裝彈數：110發（金屬彈鍊給彈）
作動方式：半／全自動切換式
全長：1645mm
槍管長：1143mm
重量：38.1kg（本體），58kg（含三腳架）
發射速度：485～635發／分

M3三腳架

《布倫 Mk. Ⅱ》

布倫輕機槍於1938年為英軍制式採用。「布倫（Bren）」這個名稱，是由布爾諾（Brno）與恩菲爾德（Enfield）各取兩個字母構成。首款量產型為Mk.I，1941年接著生產簡化各部件、加工程序較少的Mk. Ⅱ。

〔諸元〕
口徑：7.7mm
彈藥：7.7×56mmR（.303英式彈）
裝彈數：盒形彈匣30發，彈鼓100發（防空用）
作動方式：全自動
全長：1158mm（Mk. Ⅱ），1082mm（Mk. Ⅲ）
槍管長：635mm（Mk. Ⅱ），565mm（Mk. Ⅲ）
重量：10.15kg（Mk. Ⅱ），8.68kg（Mk. Ⅲ）
發射速度：500～520發／分

《布倫 Mk. Ⅲ》

以Mk.I為基礎，縮短槍管的輕量型。

《M1917A1》

1936～1937年將美軍於1917年採用的M1917水冷式機槍進行修改後制式採用的重機槍。雖然它在韓戰時期已經落伍，但由於構造堅固，且水冷式設計利於連續射擊，因此仍持續使用。

〔諸元〕
口徑：.30口徑
彈藥：.30-06春田彈（7.62×63mm）
裝彈數：250發（布彈帶給彈）
作動方式：全自動
全長：965mm
槍管長：610mm
重量：14.8kg（槍本體），32.2kg（含腳架）
發射速度：600發／分

《維克斯 Mk.I 後期型》

光學瞄準具

槍口增壓器

〔冷凝罐〕
冷卻水會因射擊而沸騰，將水蒸氣透過管子導入冷凝罐，便可重新凝結為水。

Mk.I重機槍採用於1912年11月26日，此為改良型。它省略水冷套筒上的凹槽，並加大槍口增壓器。除了原本的瞄準具之外，也能加裝光學瞄準具。

〔諸元〕
口徑：7.7mm
槍管長：720mm
彈藥：.303英式彈（7.7×56mmR）
裝彈數：250發（布彈帶給彈）
作動方式：全自動
全長：1100mm
重量：33kg（槍本體），50kg（含冷卻）
發射速度：450～600發／分

《Mk. Ⅱ 手榴彈》

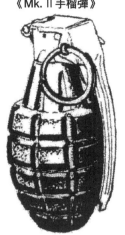

以破片殺傷敵人的防禦型手榴彈。因彈體外觀而被稱為「鳳梨」。

〔諸元〕
全長：114mm
直徑：58mm
重量：595g
炸藥：TNT 56g

《Mk. Ⅱ 手榴彈的內部構造》

擊錘彈簧
火帽
延期信管
起爆藥
炸藥
保險銷
擊錘
安全握把

特別是在戰爭中期開始的陣地戰，手榴彈是種不可或缺的兵器。一般攜行手榴彈的方法，是把安全握把插進裝備吊帶的扣環等處。除此之外，也會使用手榴彈袋（圖中士兵裝於右大腿上）。

《Mk. Ⅱ 手榴彈作動圖》

①拉開保險銷，擊錘彈簧會將安全握把彈開。

②擊錘敲擊火帽後點火。

③點火後4〜5秒便會爆炸，讓破片四散。有效殺傷範圍4.5〜9m。

《M26 手榴彈》

Mk. Ⅱ 的後繼型。研製於二次大戰末期，韓戰期間則是從1952年開始配賦。

《Mk. Ⅲ A1 手榴彈》

以爆震殺傷敵人的攻擊型手榴彈。

《Mk.Ⅰ 照明手榴彈》

點火後彈體會上下分離，下半部會燃燒發光。1944年獲採用。

《M6 CN-DM 手榴彈》

鎮暴用的催淚、催吐瓦斯彈。點火後會燃燒噴出瓦斯煙幕達25〜35秒。

《M15 WP 煙幕手榴彈》

不只能夠製造煙幕，還能以燃燒的白磷當作燒夷彈使用。

《M18 煙幕手榴彈》

用於煙幕與信號，煙幕顏色共有白、黑、紅、綠、紫、黃6色。點火後最長燃燒約90秒並放出煙幕。

《No.36M Mk.I／Mk.II手榴彈（米爾斯手榴彈）》

1915年英軍採用的敲發式手榴彈，首款No.5 Mk.I經過數次改良，共推出9種。

〔諸元〕
重量：765g　全長：95.2mm　直徑：61mm　炸藥：巴拉托71g

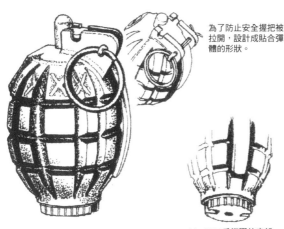

為了防止安全握把被拉開，設計成貼合彈體的形狀。

No.36M手榴彈的底部

《No.36M手榴彈的內部構造》

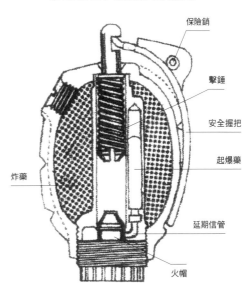

保險銷

擊錘

安全握把

起爆藥

炸藥

延期信管

火帽

槍榴彈發射器

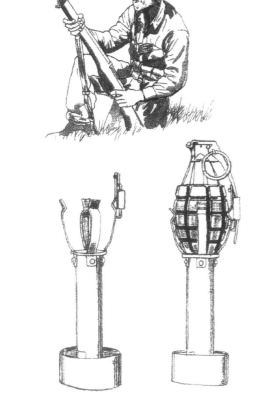

由於發射後座力很大，因此射擊時不以槍托抵肩，而會將槍托底板直接抵在地面上發射。以空包彈發射槍榴彈。

《M7槍榴彈發射器》

M1步槍用的槍榴彈發射器，由步兵班員攜行，用於支援攻擊與反裝甲戰鬥。

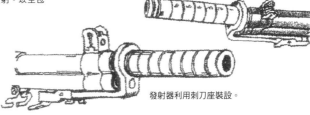

發射器利用刺刀座裝設。

《M15槍榴彈瞄準具》

將結合座以螺絲固定於槍托左側面，完成瞄準具裝設。

《M9A1 HEAT彈》　反戰車高爆彈

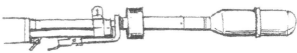

《M3槍榴彈用子彈》

發射槍榴彈專用的空包彈。

《M19A1照明彈》

《M1槍口套筒》

發射Mk.II手榴彈用的套筒（右為裝上Mk.II的狀態）。以M1步槍發射之際，最大射程約160m。發射距離能以套筒插入發射器的深度以及發射角度進行調整。

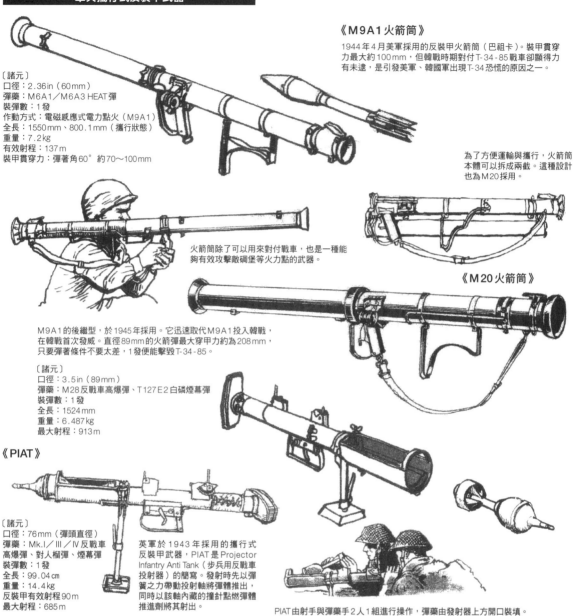

單兵攜行式反裝甲武器

《M9A1火箭筒》

1944年4月美軍採用的反裝甲火箭筒（巴祖卡）。裝甲貫穿力最大約100mm，但韓戰時期對付T-34-85戰車卻顯得力有未逮，是引發美軍、韓國軍出現T-34恐慌的原因之一。

〔諸元〕
口徑：2.36in（60mm）
彈藥：M6A1／M6A3 HEAT彈
裝彈數：1發
作動方式：電磁感應式電力點火（M9A1）
全長：1550mm、800.1mm（攜行狀態）
重量：7.2kg
有效射程：137m
裝甲貫穿力：彈著角60°約70～100mm

為了方便運輸與攜行，火箭筒本體可以拆成兩截。這種設計也為M20採用。

火箭筒除了可以用來對付戰車，也是一種能夠有效攻擊敵碉堡等火力點的武器。

《M20火箭筒》

M9A1的後繼型，於1945年採用。它迅速取代M9A1投入韓戰，在韓戰首次發威。直徑89mm的火箭彈最大穿甲力約為208mm，只要彈著條件不要太差，1發便能擊毀T-34-85。

〔諸元〕
口徑：3.5in（89mm）
彈藥：M28反戰車高爆彈、T127E2白磷煙幕彈
裝彈數：1發
全長：1524mm
重量：6.487kg
最大射程：913m

《PIAT》

〔諸元〕
口徑：76mm（彈頭直徑）
彈藥：Mk.I／Ⅲ／Ⅳ反戰車高爆彈、對人榴彈、煙幕彈
裝彈數：1發
全長：99.04cm
重量：14.4kg
反裝甲有效射程90m
最大射程：685m

英軍於1943年採用的攜行式反裝甲武器，PIAT是Projector Infantry Anti Tank（步兵用反戰車投射器）的簡寫。發射時先以彈簧之力帶動投射軸將彈體推出，同時以該軸內藏的撞針點燃彈體推進劑將其射出。

PIAT由射手與彈藥手2人1組進行操作，彈藥由發射器上方開口裝填。

火焰噴射器

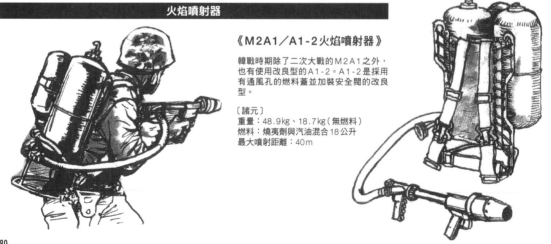

《M2A1／A1-2火焰噴射器》

韓戰時期除了二次大戰的M2A1之外，也有使用改良型的A1-2。A1-2是採用有通風孔的燃料蓋並加裝安全閥的改良型。

〔諸元〕
重量：48.9kg、18.7kg（無燃料）
燃料：燒夷劑與汽油混合18公升
最大噴射距離：40m

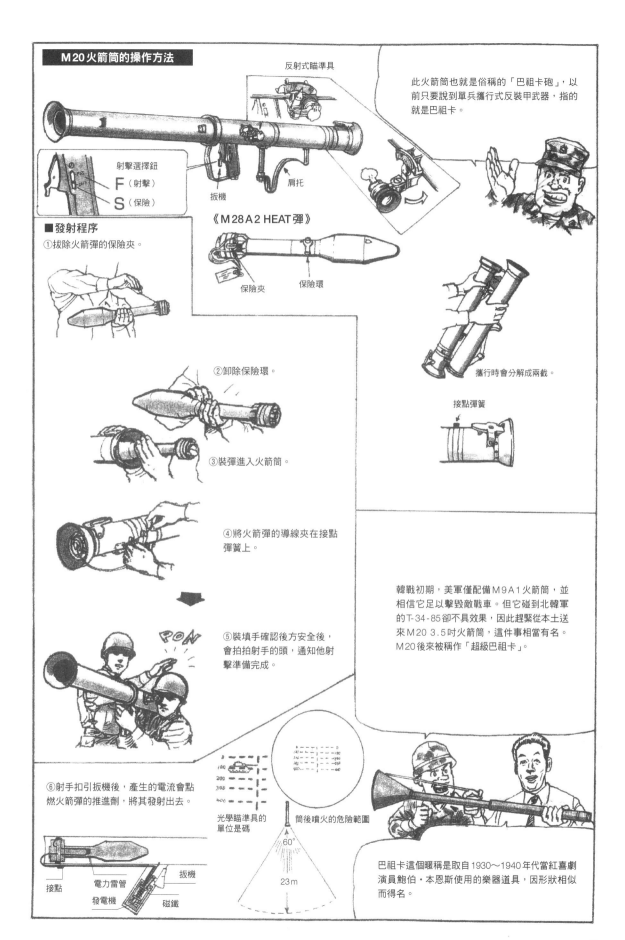

M20火箭筒的操作方法

反射式瞄準具

射擊選擇鈕
F（射擊）
S（保險）

扳機　　肩托

此火箭筒也就是俗稱的「巴祖卡砲」，以前只要說到單兵攜行式反裝甲武器，指的就是巴祖卡。

■發射程序

①拔除火箭彈的保險夾。

《M28A2 HEAT彈》

保險夾　　保險環

攜行時會分解成兩截。

接點彈簧

②卸除保險環。

③裝彈進入火箭筒。

④將火箭彈的導線夾在接點彈簧上。

韓戰初期，美軍僅配備M9A1火箭筒，並相信它足以擊毀敵戰車。但它碰到北韓軍的T-34-85卻不具效果，因此趕緊從本土送來M20 3.5吋火箭筒，這件事相當有名。M20後來被稱作「超級巴祖卡」。

PON

⑤裝填手確認後方安全後，會拍拍射手的頭，通知他射擊準備完成。

⑥射手扣引扳機後，產生的電流會點燃火箭彈的推進劑，將其發射出去。

接點　電力雷管　發電機　磁鐵　扳機

光學瞄準具的單位是碼

筒後噴火的危險範圍

60°

23m

巴祖卡這個暱稱是取自1930～1940年代當紅喜劇演員鮑伯‧本恩斯使用的樂器道具，因形狀相似而得名。

火砲

迫擊砲

《M2 60mm迫擊砲》

以法軍的Mle 1935為藍本，由美國授權生產的迫擊砲，用以支援步兵排。

〔諸元〕
口徑：60mm
彈藥：M49A2／A3榴彈、M302白磷煙幕彈、M83照明彈
砲管長：726mm
最大射程：1700m
重量：19kg

《M1 81mm迫擊砲》

如同M2 60mm迫擊砲，是以法製Mle 27／31迫擊砲為藍本研製而成，用於連級支援砲擊。

〔諸元〕
口徑：81.2mm
彈藥：M43A1輕榴彈、M45／M45B1重榴彈、M57 FS煙幕彈、M57白磷煙幕彈、M301照明彈
砲管長：1210mm
最大射程：3010m
重量：61kg

《M2 4.2吋迫擊砲》

以投射化學彈（毒氣彈）為目的而研製的重型迫擊砲，原本是由化兵迫砲營運用。從二次大戰開始，它除了化學彈之外，也能使用其他專用榴彈，因此可以為步兵部隊提供支援砲擊。它與其他迫擊砲不同，砲管並非滑膛，而是刻有膛線。

〔諸元〕
口徑：4.2吋（107mm）
彈藥：M3榴彈、M2白磷煙幕彈、M2H化學彈
砲管長：1285mm
最大射程：4000m
重量：161kg

《Mk. II ML 3吋迫擊砲》

英軍於1917年採用的3吋迫擊砲的改良型。如同美軍的81mm迫擊砲，是以1930年代的法製Mle 27／31迫擊砲為藍本研製而成。澳大利亞軍與紐西蘭軍會使用砲管改短的獨有改良型。

〔諸元〕
口徑：3.18吋（81mm）
彈藥：榴彈、白磷煙幕彈、煙幕彈
砲管長：1370mm
最大射程：2560m
重量：52.4kg

《Mk. II ML 4.2吋迫擊砲》

此款迫擊砲當初是為了投射化學彈而研製，採用當時是由化兵連運用，但由於化兵連在1943年解編，使它轉而交給重迫砲連使用。韓戰時期，它是由隸屬砲兵團的迫砲營運用。

〔諸元〕
口徑：4.2吋（110mm）
彈藥：榴彈、白磷煙幕彈、煙幕彈、毒氣彈
砲管長：1700mm
最大射程：3700m
重量：147kg

《SBML Mk. II **、Mk. VII *** 2吋迫擊砲》

供步兵排使用的小型迫擊砲。它沒有砲架，只有簡易式座鈑。射擊時要在投入砲彈後扣引扳機。

〔諸元〕
口徑：2吋（50.8mm）
彈藥：榴彈、白磷煙幕彈、煙幕彈、照明彈、信號彈
砲管長：530mm
有效射程：460m
重量：4.8kg

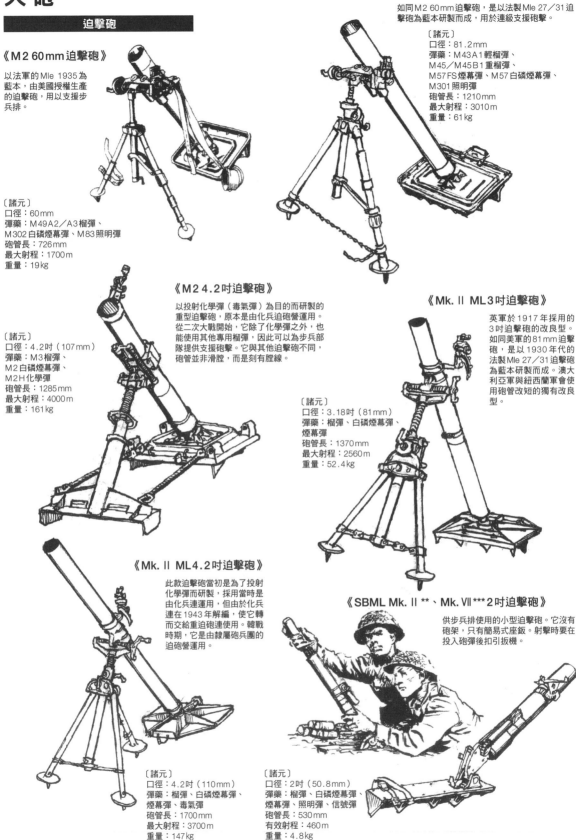

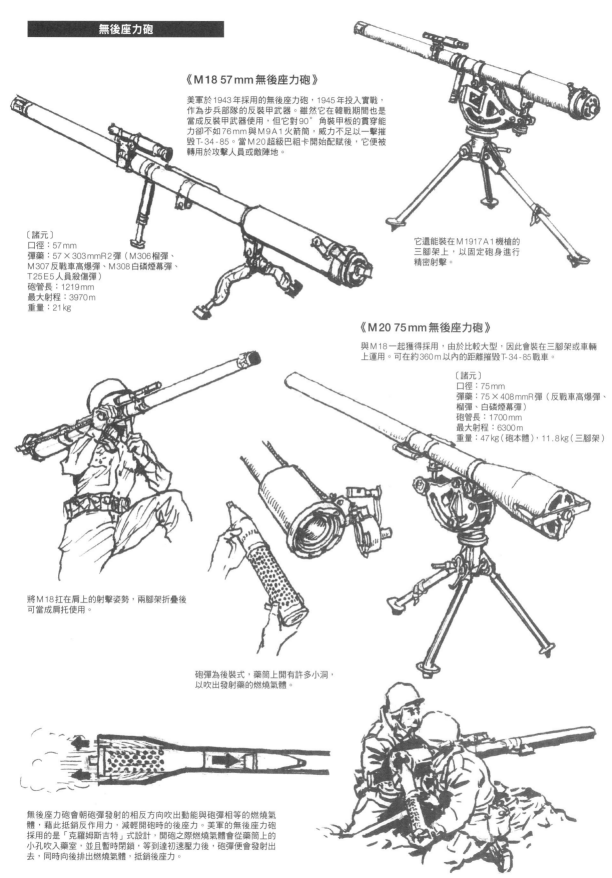

《M18 57mm無後座力砲》

美軍於1943年採用的無後座力砲，1945年投入實戰，作為步兵部隊的反裝甲武器。雖然它在韓戰期間也是當成反裝甲武器使用，但它對90°角裝甲板的貫穿能力卻不如76mm與M9A1火箭筒，威力不足以一擊摧毀T-34-85。當M20超級巴祖卡開始配賦後，它便被轉用於攻擊人員或敵陣地。

〔諸元〕
口徑：57mm
彈藥：57×303mmR2彈（M306榴彈、M307反戰車高爆彈、M308白磷煙幕彈、T25E5人員殺傷彈）
砲管長：1219mm
最大射程：3970m
重量：21kg

它還能裝在M1917A1機槍的三腳架上，以固定砲身進行精密射擊。

《M20 75mm無後座力砲》

與M18一起獲得採用，由於比較大型，因此會裝在三腳架或車輛上運用。可在約360m以內的距離摧毀T-34-85戰車。

〔諸元〕
口徑：75mm
彈藥：75×408mmR彈（反戰車高爆彈、榴彈、白磷煙幕彈）
砲管長：1700mm
最大射程：6300m
重量：47kg（砲本體），11.8kg（三腳架）

將M18扛在肩上的射擊姿勢，兩腳架折疊後可當成肩托使用。

砲彈為後裝式，藥筒上開有許多小洞，以吹出發射藥的燃燒氣體。

無後座力砲會朝砲彈發射的相反方向吹出動能與砲彈相等的燃燒氣體，藉此抵銷反作用力，減輕開砲時的後座力。美軍的無後座力砲採用的是「克羅姆斯吉特」式設計，開砲之際燃燒氣體會從藥筒上的小孔吹入藥室，並且暫時閉鎖，等到達初速壓力後，砲彈便會發射出去，同時向後排出燃燒氣體，抵銷後座力。

無後座力砲不像其他火砲必須具備複雜的砲門與制退復進機，因此比較輕巧。

榴彈砲

《M1A1 75mm榴彈砲》

美軍於1927年採用的榴彈砲,可分解為6個部件,在山區以獸力馱載或人力搬運。二次大戰期間除了美國之外,中華民國軍、英軍的空降部隊也有運用。戰後韓國軍也有配備。

〔諸元〕
口徑:75mm
彈藥:75×272mmR彈（M41A1／M48榴彈、
M66反戰車高爆彈、M64白磷煙幕彈／煙幕彈／化學彈）
砲管長:1200mm
重量:653kg（M8砲架型）
最大射程:8925m

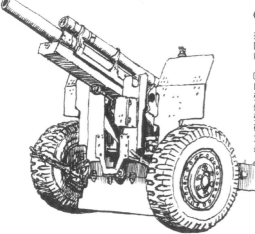

《M2A1 105mm榴彈砲》

美軍的主力榴彈砲。M2A1除了供步兵師的野戰砲兵團使用外,也會搭載於M3半履帶裝甲車或M4戰車等載具上當成自走砲運用。

〔諸元〕
口徑:105mm
彈藥:105×372mmR彈（M1榴彈、M67反戰車高爆彈、M84HC／BE煙幕彈、M60白磷煙幕彈／煙幕彈／化學彈）
砲管長:2360mm
重量:2300kg
最大射程:1萬1000m

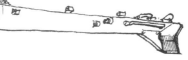

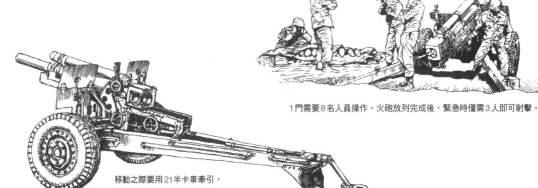

1門需要8名人員操作。火砲放列完成後,緊急時僅需3人即可射擊。

移動之際要用2t半卡車牽引。

《M1 155mm榴彈砲》

與M2A1一起配賦野戰砲兵營使用。移動時會用M5高速半履帶車牽引。砲彈無藥筒,採彈頭與發射藥分離的藥包式。

〔諸元〕
口徑:155mm
彈藥:M102／M107榴彈、M105白磷煙幕彈／煙幕彈、M110白磷煙幕彈／煙幕彈、M116煙幕彈、M110化學彈）
砲管長:3564mm
重量:5600kg（戰鬥時）,5800kg（移動時）
最大射程:1萬4600m

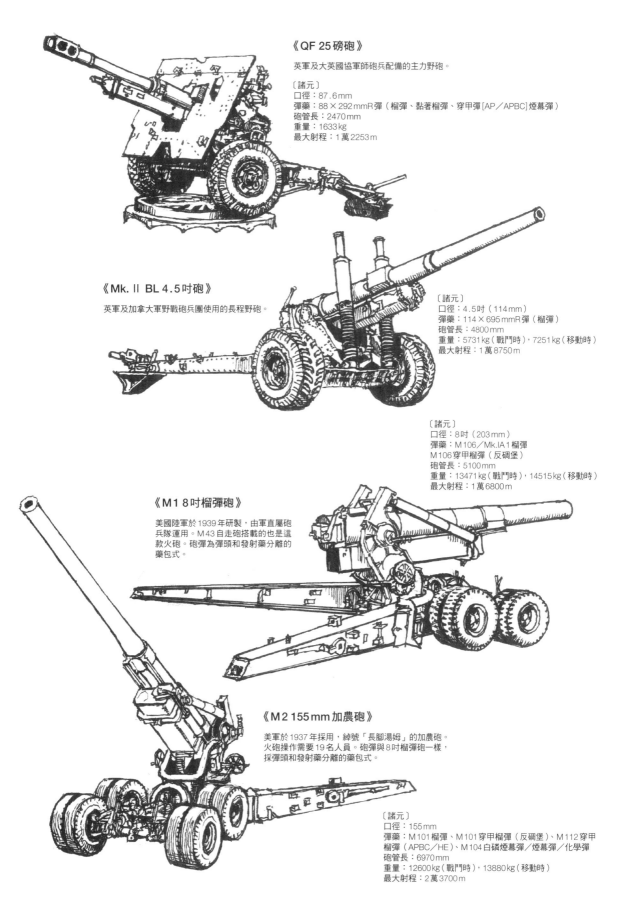

《QF 25磅砲》

英軍及大英國協軍師砲兵配備的主力野砲。

〔諸元〕
口徑：87.6mm
彈藥：88×292mmR彈（榴彈、黏著榴彈、穿甲彈[AP／APBC]煙幕彈）
砲管長：2470mm
重量：1633kg
最大射程：1萬2253m

《Mk.Ⅱ BL 4.5吋砲》

英軍及加拿大軍野戰砲兵團使用的長程野砲。

〔諸元〕
口徑：4.5吋（114mm）
彈藥：114×695mmR彈（榴彈）
砲管長：4800mm
重量：5731kg（戰鬥時），7251kg（移動時）
最大射程：1萬8750m

〔諸元〕
口徑：8吋（203mm）
彈藥：M106／Mk.IA1榴彈
M106穿甲榴彈（反碉堡）
砲管長：5100mm
重量：13471kg（戰鬥時），14515kg（移動時）
最大射程：1萬6800m

《M1 8吋榴彈砲》

美國陸軍於1939年研製，由軍直屬砲
兵隊運用。M43自走砲搭載的也是這
款火砲。砲彈為彈頭和發射藥分離的
藥包式。

《M2 155mm加農砲》

美軍於1937年採用，綽號「長腳湯姆」的加農砲。
火砲操作需要19名人員。砲彈與8吋榴彈砲一樣，
採彈頭和發射藥分離的藥包式。

〔諸元〕
口徑：155mm
彈藥：M101榴彈、M101穿甲榴彈（反碉堡）、M112穿甲
榴彈（APBC／HE）、M104白磷煙幕彈／煙幕彈／化學彈
砲管長：6970mm
重量：12600kg（戰鬥時），13880kg（移動時）
最大射程：2萬3700m

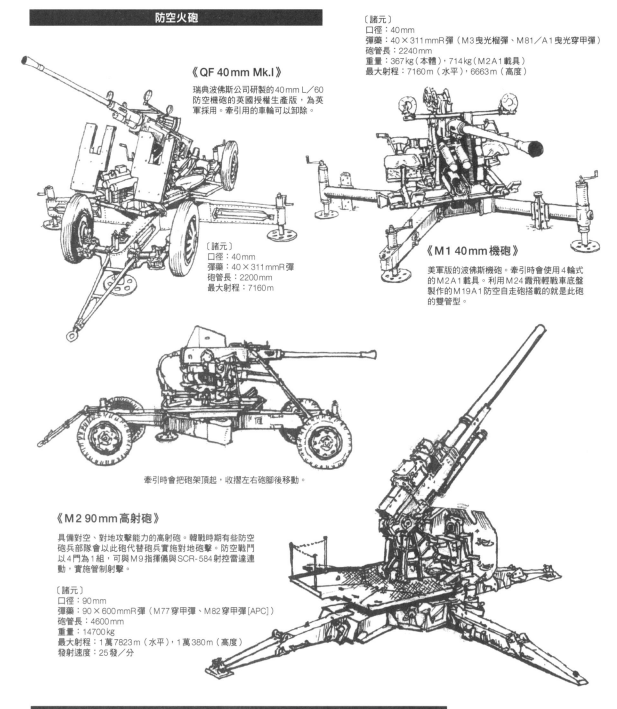

《QF 40mm Mk.I》

瑞典波佛斯公司研製的40mm L／60防空機砲的英國授權生產版，為英軍採用。牽引用的車輪可以卸除。

〔諸元〕
口徑：40mm
彈藥：40×311mmR彈
砲管長：2200mm
最大射程：7160m

〔諸元〕
口徑：40mm
彈藥：40×311mmR彈（M3曳光榴彈、M81／A1曳光穿甲彈）
砲管長：2240mm
重量：367kg（本體），714kg（M2A1載具）
最大射程：7160m（水平），6663m（高度）

《M1 40mm機砲》

美軍版的波佛斯機砲。牽引時會使用4輪式的M2A1載具。利用M24霞飛輕戰車底盤製作的M19A1防空自走砲搭載的就是此砲的雙管型。

牽引時會把砲架頂起，收摺左右砲腳後移動。

《M2 90mm高射砲》

具備對空、對地攻擊能力的高射砲。韓戰時期有些防空砲兵部隊會以此砲代替砲兵實施對地砲擊。防空戰鬥以4門為1組，可與M9指揮儀與SCR-584射控雷達連動，實施管制射擊。

〔諸元〕
口徑：90mm
彈藥：90×600mmR彈（M77穿甲彈、M82穿甲彈[APC]）
砲管長：4600mm
重量：14700kg
最大射程：1萬7823m（水平），1萬380m（高度）
發射速度：25發／分

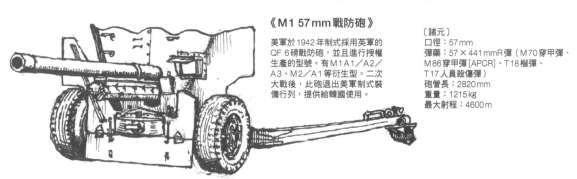

《M1 57mm戰防砲》

美軍於1942年制式採用英軍的QF 6磅戰防砲，並且進行授權生產的型號。有M1A1／A2／A3、M2／A1等衍生型。二次大戰後，此砲退出美軍制式裝備行列，提供給韓國使用。

〔諸元〕
口徑：57mm
彈藥：57×441mmR彈（M70穿甲彈、M86穿甲彈[APCR]、T18榴彈、T17人員殺傷彈）
砲管長：2820mm
重量：1215kg
最大射程：4600m

12.7mm防空機槍

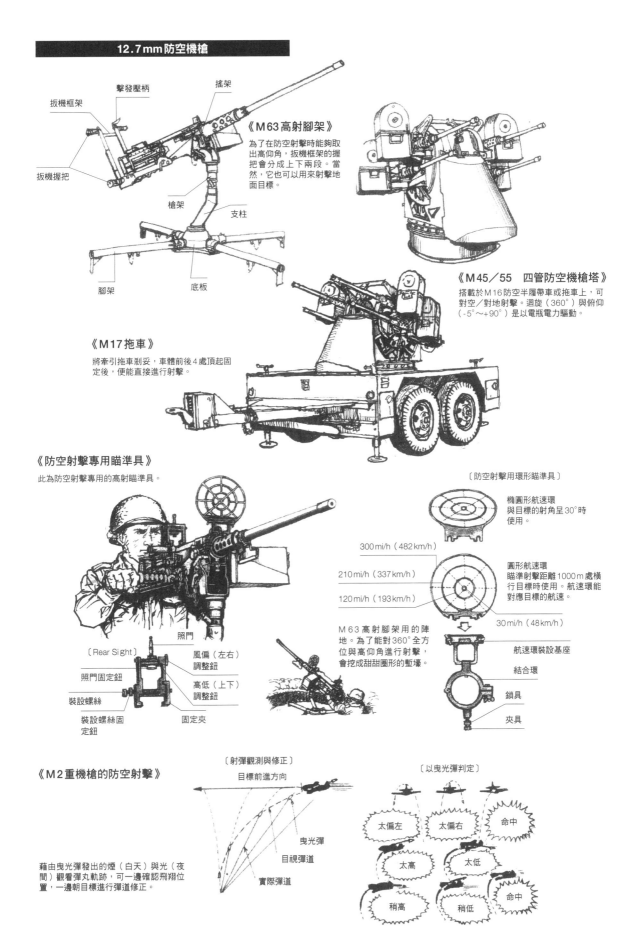

擊發壓柄

搖架

扳機框架

《M63高射腳架》

為了在防空射擊時能夠取出高仰角，扳機框架的握把會分成上下兩段。當然，它也可以用來射擊地面目標。

扳機握把

槍架

支柱

腳架

底板

《M45／55 四管防空機槍塔》

搭載於M16防空半履帶車或拖車上，可對空／對地射擊。迴旋（360°）與俯仰（-5°～+90°）是以電瓶電力驅動。

《M17拖車》

將牽引拖車剎妥，車體前後4處頂起固定後，便能直接進行射擊。

《防空射擊專用瞄準具》

此為防空射擊專用的高射瞄準具。

〔防空射擊用環形瞄準具〕

橢圓形航速環
與目標的射角呈30°時使用。

300 mi/h（482 km/h）

210 mi/h（337 km/h）

120 mi/h（193 km/h）

圓形航速環
瞄準射擊距離1000 m處橫行目標時使用。航速環能對應目標的航速。

30 mi/h（48 km/h）

M63高射腳架用的陣地。為了能對360°全方位與高仰角進行射擊，會挖成甜甜圈形的塹壕。

航速環裝設基座

結合環

鎖具

夾具

照門

〔Rear Sight〕

風偏（左右）調整鈕

高低（上下）調整鈕

照門固定鈕

裝設螺絲

裝設螺絲固定鈕

固定夾

《M2重機槍的防空射擊》

〔射彈觀測與修正〕

目標前進方向

曳光彈

目視彈道

實際彈道

藉由曳光彈發出的煙（白天）與光（夜間）觀看彈丸軌跡，可一邊確認飛翔位置，一邊朝目標進行彈道修正。

〔以曳光彈判定〕

太偏左

太偏右

命中

太高

太低

稍高

稍低

命中

戰車與戰鬥車輛

以美軍為主的聯合國軍所配備的戰車等車輛,都是第二次世界大戰前、大戰期間以及大戰結束後不久由美國、英國研製的車型,車種包括卡車、裝甲車、兩棲車輛、自走砲、戰車等五花八門。大戰末期採用的車輛當中,有些是在韓戰時期才首次投入實戰運用。

M24 霞飛輕戰車

美軍為取代M3、M5輕戰車,於1944年7月採用的車型。它的砲塔與底盤都有避彈斜面設計,且雖然是輕戰車,但卻搭載75mm砲,防護力與火力都比以往輕戰車來得優秀。名稱取自致力創建美國陸軍裝甲部隊的小阿德納‧霞飛少將。

M24於第二次世界大戰期間1944年12月的突出部之役開始投入戰場,配備於裝甲部隊的偵察營。雖然它是一款優秀的輕戰車,但在韓戰碰上的卻是T-34-85,導致其因主砲威力不足與防禦力太弱而陷入苦戰。

〔諸元〕
全長:5.56m
底盤長:5.03m
全寬:2.75m
全高:2.77m
重量:18.4t
引擎:2具凱迪拉克44T42 V型8汽缸液冷汽油引擎
裝甲厚:10～38mm
武裝:M6 76mm戰車砲×1、M1919A4機槍×2、M2重機槍×1
乘員:5人

《M24的內部構造》

❶M6 75mm戰車砲
❷M64連動砲架(附陀螺儀穩定器)
❸M1919A4同軸機槍
❹煙幕彈發射器(早期型)
❺車長用展望塔
❻M2重機槍
❼機槍架
❽雜物箱
❾藥筒排出口
❿鼓風機
⓫副駕駛兼機槍手席(M24有兩套駕駛機構,此處也有轉向剎車桿,必要時可代替駕駛手操作)
⓬M1919A4底盤機槍
⓭轉向變速箱
⓮轉向桿
⓯排檔桿
⓰主動輪
⓱駕駛席
⓲砲塔迴旋控制盒
⓳主砲彈藥收納架
⓴承載輪
㉑支輪
㉒惰輪

M4A3E8雪曼中戰車

M4雪曼是第二次世界大戰美軍的主力中戰車,在大戰結束前生產了許多種次型。M4A3E8是M4的最終型,於1944年7月～1945年4月生產了2617輛。它將懸吊系統從垂直懸吊(VVSS)改成水平懸吊(HVSS),主砲也換裝火力更強的M1A2。雖然它的防護力面對T-34-85的85mm砲顯得較弱,但52倍徑76.2mm戰車砲還是有辦法擊毀T-34-85。

〔諸元〕
全長:7.54m
全寬:2.99m
全高:2.97m
重量:33.6t
引擎:福特GAA V型8汽缸液冷汽油引擎
裝甲厚:12.7～107.95mm
武裝:M1A2 76.2mm砲×1、M1919A4
機槍×2、M2重機槍×1
乘員:5人

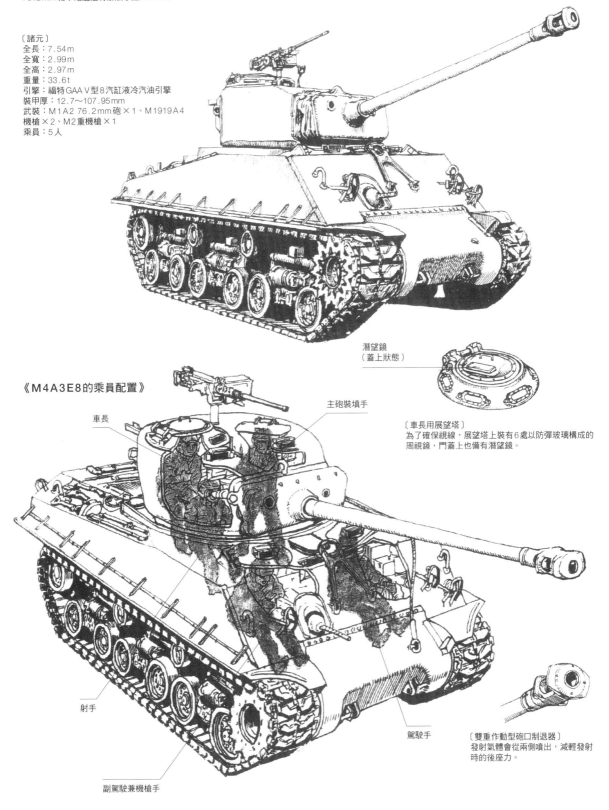

《M4A3E8的乘員配置》

車長

主砲裝填手

射手

副駕駛兼機槍手

駕駛手

潛望鏡
(蓋上狀態)

〔車長用展望塔〕
為了確保視線,展望塔上裝有6處以防彈玻璃構成的周視鏡,門蓋上也備有潛望鏡。

〔雙重作動型砲口制退器〕
發射氣體會從兩側噴出,減輕發射時的後座力。

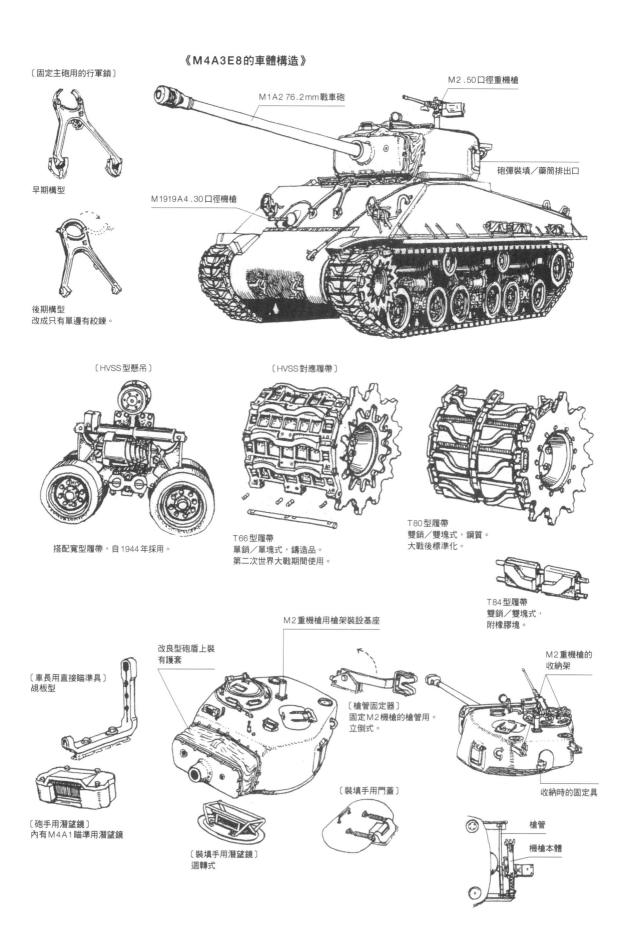

《M4A3E8的車體構造》

〔固定主砲用的行軍鎖〕

早期構型

後期構型
改成只有單邊有絞鍊。

M1A2 76.2mm戰車砲

M2 .50口徑重機槍

M1919A4 .30口徑機槍

砲彈裝填／藥筒排出口

〔HVSS型懸吊〕

搭配寬型履帶，自1944年採用。

〔HVSS對應履帶〕

T66型履帶
單銷／單塊式，鑄造品。
第二次世界大戰期間使用。

T80型履帶
雙銷／雙塊式，鋼質。
大戰後標準化。

T84型履帶
雙銷／雙塊式，
附橡膠塊。

〔車長用直接瞄準具〕
舰板型

〔砲手用潛望鏡〕
內有M4A1瞄準用潛望鏡

改良型砲盾上裝
有護套

M2重機槍用槍架裝設基座

〔槍管固定器〕
固定M2機槍的槍管用。
立倒式。

M2重機槍的
收納架

收納時的固定具

〔裝填手用潛望鏡〕
迴轉式

〔裝填手用門蓋〕

槍管

機槍本體

M4的衍生型

《M4A3 105mm榴彈砲搭載型》

搭載改良自M2 105mm榴彈砲的車載型M4 105mm榴彈砲,用以支援裝甲部隊麾下的步兵單位。

《M4A3火焰噴射戰車》

美軍的火焰噴射戰車是二次大戰時期為了在太平洋戰線使用而研改的車型,這款105mm榴彈砲搭載型上裝設的火焰噴射器稱為POA-CWS-H5系統,它為了保留主砲功能,讓火焰噴射器與主砲同軸搭載於砲盾上。

《M32A1B3裝甲救濟車》

以M4A3為基礎改造而成的特殊車型,可在戰場上回收損毀、故障的車輛,或拖救陷入惡劣地形的車子。除此之外,它還能用車上的絞盤與吊架吊起砲塔或引擎等重物。

《砲塔機槍的變化》

韓戰時期為了對付共產軍的肉搏攻擊,現地部隊會自行更改砲塔機槍的裝設位置,或是加裝機槍。

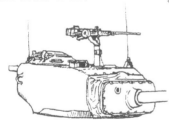

將M2重機槍的槍架改裝於前方的範例。

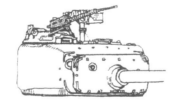

於車長展望塔上加裝M1919A4機槍的範例。

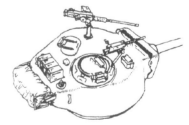

車長展望塔加裝M1919A4機槍,並將M2槍架移至砲塔左前方的範例。

《M4推土鏟型》

〔M1A1推土鏟〕
為M4戰車研製的液壓式戰車裝載型推土鏟系統,可在戰鬥時排除路上的障礙物,或是用來回填彈坑。M1為VVSS懸用用,圖中的M1A1則為HVSS懸用用。

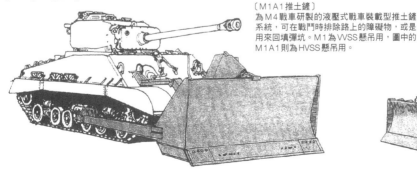

〔M2推土鏟〕
M1的改良型。

M26潘興中戰車

為取代M4而研製的重戰車。1944年11月開始試產的先導量產型T26E3於1945年2月首次投入歐洲戰場，1945年定制式型號為M26，翌年依戰車分類調整改列為中戰車。韓戰期間，於1950年8月投入釜山橋頭堡戰役，以強大火力接連擊毀T-34-85。

〔諸元〕
全長：8.65m
底盤長：6.33m
全寬：3.51m
全高：2.78m
重量：46.2t
引擎：福特GAF6002B V型8汽缸液冷汽油引擎
裝甲厚：25.4～114.3mm
武裝：M3 90mm砲×1、M1919A4機槍×2、M2重機槍×1
乘員：5人

《M26的內部構造》

❶滅火器（副駕駛席上方）
❷砲塔迴旋馬達
❸主砲俯仰裝置
❹主砲平衡彈簧
❺射手席
❻車長席
❼車長用展望塔
❽AN/VRC-3無線電天線座
❾M2重機槍
❿無線電／雜物箱
⓫SCR-528無線電天線座
⓬M2重機槍用收納架
⓭引擎
⓮冷卻裝置
⓯排氣管
⓰終端傳動萬向節
⓱差速器
⓲底盤排水管
⓳變速箱
⓴電瓶箱
㉑90mm砲彈倉
㉒主開關盒
㉓變速桿
㉔油門踏板
㉕轉向剎車桿
㉖M1919A4前機槍

《M45中戰車》

於M26搭載M4 105mm榴彈砲的衍生型。

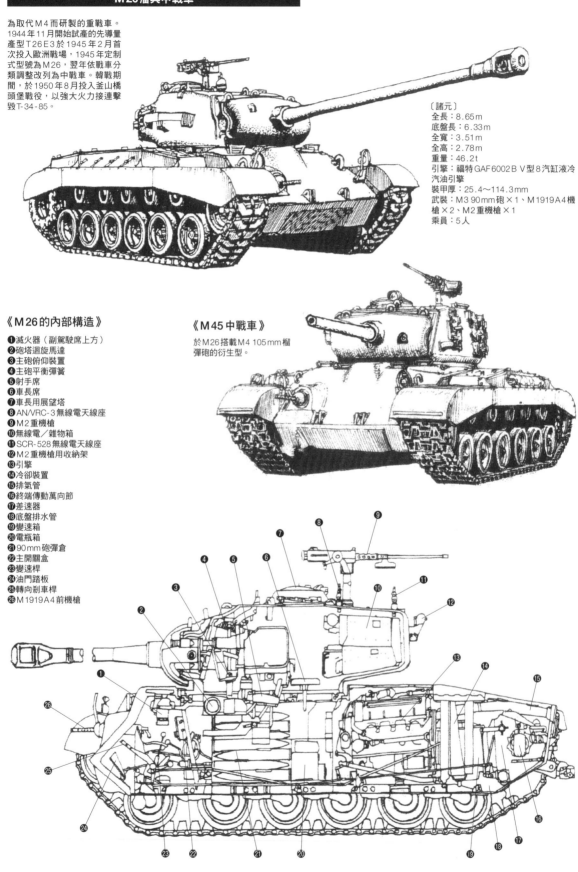

M46巴頓中戰車

由於M26的引擎被嫌馬力不足,因此推出這款更換新引擎與變速箱的型號,於1949年採用,是當時美軍最新的中戰車。由於它沿用M26的底盤與砲塔,因此外觀與M26非常類似,識別點在於砲口制退器的形狀、引擎室上方形狀,以及加裝於最後方的輔助輪。本型車搭載810hp引擎,功率與機動性皆優於M26,也很適合用於朝鮮半島高低起伏的地形。1950年8月8日,第1批M46運抵韓國,自1951年起陸續汰換M26。

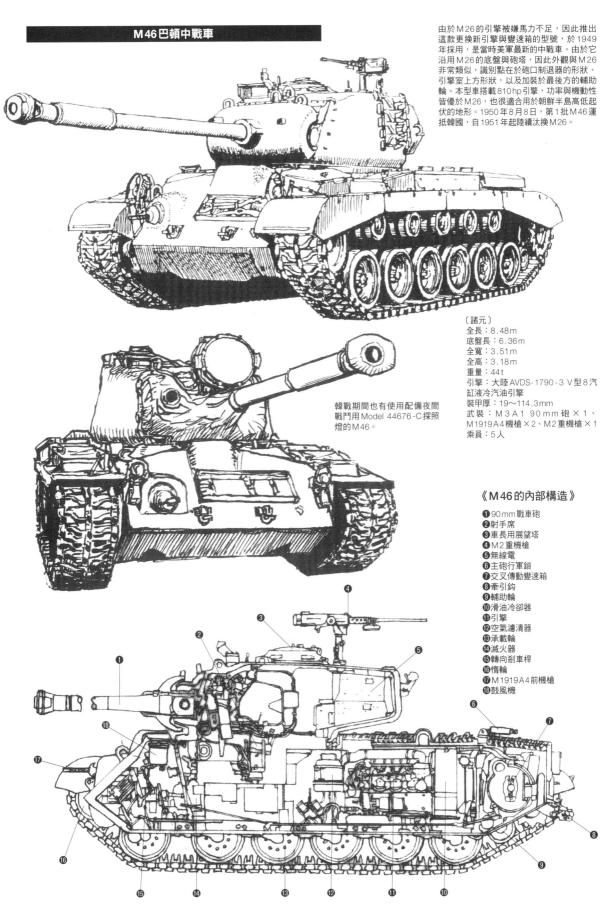

韓戰期間也有使用配備夜間戰鬥用Model 44676-C探照燈的M46。

〔諸元〕
全長:8.48m
底盤長:6.36m
全寬:3.51m
全高:3.18m
重量:44t
引擎:大陸AVDS-1790-3 V型8汽缸液冷汽油引擎
裝甲厚:19～114.3mm
武裝:M3A1 90mm砲×1、M1919A4機槍×2、M2重機槍×1
乘員:5人

《M46的內部構造》

❶ 90mm戰車砲
❷ 射手席
❸ 車長用展望塔
❹ M2重機槍
❺ 無線電
❻ 主砲行軍鎖
❼ 交叉傳動變速箱
❽ 牽引鉤
❾ 輔助輪
❿ 滑油冷卻器
⓫ 引擎
⓬ 空氣濾清器
⓭ 承載輪
⓮ 滅火器
⓯ 轉向剎車桿
⓰ 惰輪
⓱ M1919A4前機槍
⓲ 鼓風機

《M19防空砲車》

裝甲部隊的防空車輛,以M24輕戰車底盤搭載40mm
雙管機砲構成。雖然是於二次大戰期間採用,但是要
到韓戰才實際投入戰場。

《M37 105mm自走榴彈砲》

M7牧師式自走砲的後繼型自走榴彈砲。使用M24
輕戰車底盤。它沒能趕上二次大戰,要到韓戰才首
次上陣。

〔諸元〕
全長:5.46m
底盤長:6.36m
全寬:2.84m
全高:2.99m
重量:17.4t
引擎:2具凱迪拉克44T42 V型
8汽缸液冷汽油引擎
武裝:波佛斯M2 40mm機砲
×2、M2重機槍×1
乘員:6人

〔諸元〕
全長:5.52m
全寬:3.0m
全高:2.23m
重量:18t
引擎:2具凱迪拉克44T42 V型
8汽缸液冷汽油引擎
武裝:M4 105mm榴彈砲
×1、M2重機槍×1
乘員:7人

《M41 155mm自走榴彈砲》

與M37同樣利用M24輕戰車底盤,但卻把引擎改置於車
體中央,火砲搭載於後方。本型車也沒趕上二次大戰,在
韓戰首次登場。

〔諸元〕
全長:5.8m
全寬:2.87m
全高:2.4m
重量:19.3t
引擎:大陸R975-C4 9汽缸氣
冷汽油引擎
武裝:M1 155mm榴彈砲×1、
M2重機槍×1
乘員:7人

《M39通用裝甲車》

以二次大戰期間使用之M18地獄貓驅逐戰車的底盤構
成的裝甲車。原本是為了用來牽引M5 3吋戰防砲,
不過大戰期間除了當作牽引車使用之外,還會被改造成
指揮、偵察裝甲車。韓戰期間在最前線充分發揮運輸
人員、物資的功用。

〔諸元〕
全長:5.28m
全寬:2.87m
全高:2.03m
重量:15.17t
引擎:2具凱迪拉克44T42 V型8汽缸
液冷汽油引擎
裝甲厚:4.8～12.7mm
武裝:M2重機槍×1
乘員:3人

《M40 155mm自走加農砲》

1945年3月獲美軍制式採用的自走加農砲。它的底盤來自M4A3，為搭載加農砲而加大車重重新設計，懸吊系統則比照M4A3E8採用HVSS式。雖然它曾於二次大戰末期投入歐洲戰線，但實質上要到韓戰時期才首次在實戰運用。

〔諸元〕
全長：9.1m
全寬：3.15m
全高：2.7m
重量：36.3t
引擎：大陸R975 EC2 9汽缸氣冷汽油引擎
武裝：M2 155mm加農砲×1
乘員：8人

《M43 203mm自走榴彈砲》

以M40同款底盤製成的自走榴彈砲，用以取代M12。原本預定生產約500輛，但因二次大戰結束而減產，包含改造自M40的車輛，總共只製造了48輛。由於它是在1945年3月制式採用，因此要到韓戰期間才首次投入實戰。

〔諸元〕
全長：7.34m
全寬：3.15m
全高：3.27m
重量：37.6t
引擎：大陸R975 EC2 9汽缸氣冷汽油引擎
武裝：M1 203mm榴彈砲×1
乘員：8人

《M7B2牧師式自走砲》

1943年採用，活躍於第二次世界大戰的105mm自走榴彈砲。M7自走砲原本是利用M3中戰車的底盤製造而成，之後則推出使用M4底盤的M7B1。M7B2是為了砲擊朝鮮山區而將B1主砲裝設位置架高的改良型，經改造後，原本35°的最大仰角可提高至65°。

〔諸元〕
全長：5.99m
全寬：2.82m
全高：2.58m
重量：23t
引擎：福特GAA V型8汽缸液冷汽油引擎
武裝：M1 105mm榴彈砲×1、M2重機槍×1
乘員：7人

《M16防空半履帶車》

重新設計M3半履帶車的車斗部位，搭載M45四管防空機槍塔。由於4挺M2重機槍的威力強大，因此又被稱作「絞肉製造機」。韓戰期間，它原本執行的防空任務較少，大多會用來攻擊地面目標。

〔諸元〕
全長：6.5m
全寬：2.16m
全高：2.34m
重量：9t
引擎：懷特160AX 6汽缸液冷汽油引擎
裝甲厚：16mm
武裝：M2重機槍×4
乘員：5人

《M15A1防空砲車》

於M3半履帶車的車斗上搭載配備1門37mm機砲與2挺M2重機槍的迴轉式砲塔，砲塔的上方、後方呈開放式。M15A1配備於裝甲等部隊的防空營，但與M16一樣，在韓戰期間也會用於對地支援射擊。

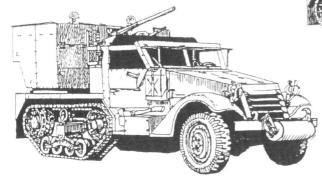

〔諸元〕
全長：6.17m
全寬：2.24m
全高：2.39m
重量：9.1t
引擎：懷特160AX 6汽缸液冷汽油引擎
裝甲厚：12mm
武裝：M1 37mm機砲×1、M2重機槍×2
乘員：7人

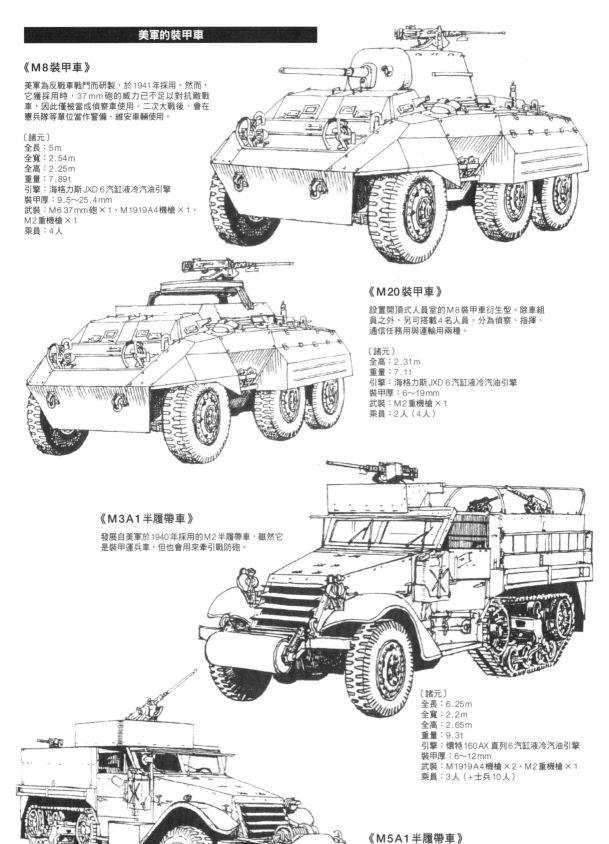

《M8裝甲車》

美軍為反戰車戰鬥而研製，於1941年採用。然而，
它獲採用時，37mm砲的威力已不足以對抗敵戰
車，因此僅被當成偵察車使用。二次大戰後，會在
憲兵隊等單位當作警備、維安車輛使用。

〔諸元〕
全長：5m
全寬：2.54m
全高：2.25m
重量：7.89t
引擎：海格力斯JXD 6汽缸液冷汽油引擎
裝甲厚：9.5～25.4mm
武裝：M6 37mm砲×1、M1919A4機槍×1、
M2重機槍×1
乘員：4人

《M20裝甲車》

設置開頂式人員室的M8裝甲車衍生型。除車組
員之外，另可搭載4名人員。分為偵察、指揮、
通信任務用與運輸用兩種。

〔諸元〕
全高：2.31m
重量：7.1t
引擎：海格力斯JXD 6汽缸液冷汽油引擎
裝甲厚：6～19mm
武裝：M2重機槍×1
乘員：2人（4人）

《M3A1半履帶車》

發展自美軍於1940年採用的M2半履帶車，雖然它
是裝甲運兵車，但也會來用來牽引戰防砲。

〔諸元〕
全長：6.25m
全寬：2.2m
全高：2.65m
重量：9.3t
引擎：懷特160AX 直列6汽缸液冷汽油引擎
裝甲厚：6～12mm
武裝：M1919A4機槍×2、M2重機槍×1
乘員：3人（＋士兵10人）

《M5A1半履帶車》

M3A1半履帶車的外銷型。為了外銷而簡化
生產，將部分裝甲板自螺栓固定改成銲接式。
除此之外，它也增厚部分裝甲，並強化引擎。
有提供給韓國軍。

《1/4t指揮車》

以「吉普車」聞名的4輪傳動小型通用車輛，具偵察、聯絡等多種用途。威利 - 奧佛蘭公司製造的稱MB，福特公司製造的稱GPW。

《1 1/2t載重車》

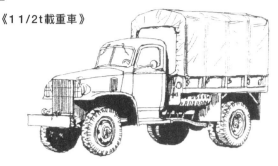

以GM公司應美國陸軍要求設計的G506為基礎製成的4輪傳動卡車。最大載重量約1t。

《3/4t WC51 軍械車》

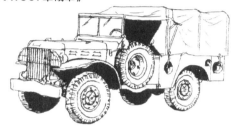

暱稱「大吉普」或「道奇軍械車」的4輪傳動卡車，用於運輸人員、物資。最大載重量約800kg，另有配備絞盤的WC52型。

《11/2t WC62載重車》

道奇WC系列的1.5t 6輪傳動卡車。最大載重量約1.5t，另有無絞盤的WC61型。

《GMC CCKW 353 2 1/2t載重車》

有蓋型的2.5t 6輪傳動卡車。353為軸距4.24m的長軸距型，最大載重量約2.2t。另有3.68m的短軸距型352。

《CCKW 353 開頂型》

敞篷駕駛室的車型，頂篷與車門為可拆卸的帆布材質，是353的衍生型之一。此款車型自1944年開始生產。此外，原本金屬材質的車斗除底板與框架外皆改為木製。最大載重量約2.2t。

《M25戰車運輸車》

暱稱「龍式」的戰車運輸車，以搬運、回收用的M26拖車頭與M15拖板車構成。M26拖車頭是以在前線使用為前提設計而成，駕駛室有9~19mm厚的裝甲板，採6輪傳動，牽引力約60t。

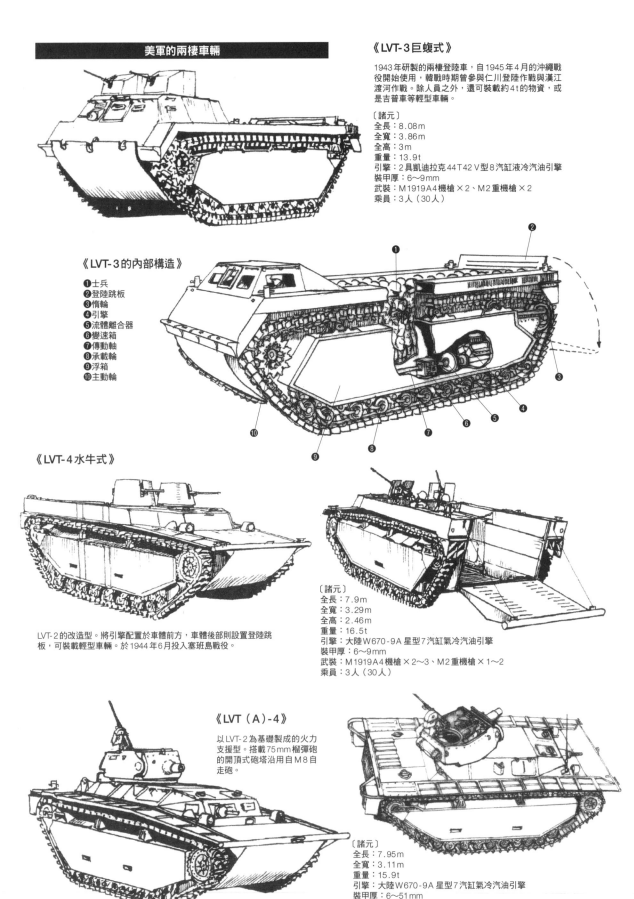

美軍的兩棲車輛

《LVT-3巨蝮式》

1943年研製的兩棲登陸車，自1945年4月的沖繩戰役開始使用，韓戰時期曾參與仁川登陸作戰與漢江渡河作戰。除人員之外，還可裝載約4t的物資，或是吉普車等輕型車輛。

〔諸元〕
全長：8.08m
全寬：3.86m
全高：3m
重量：13.9t
引擎：2具凱迪拉克44T42Ｖ型8汽缸液冷汽油引擎
裝甲厚：6～9mm
武裝：M1919A4機槍×2、M2重機槍×2
乘員：3人（30人）

《LVT-3的內部構造》

❶士兵
❷登陸跳板
❸惰輪
❹引擎
❺流體離合器
❻變速箱
❼傳動軸
❽承載輪
❾浮箱
❿主動輪

《LVT-4水牛式》

LVT-2的改造型。將引擎配置於車體前方，車體後部則設置登陸跳板，可裝載輕型車輛。於1944年6月投入塞班島戰役。

〔諸元〕
全長：7.9m
全寬：3.29m
全高：2.46m
重量：16.5t
引擎：大陸W670-9A 星型7汽缸氣冷汽油引擎
裝甲厚：6～9mm
武裝：M1919A4機槍×2～3、M2重機槍×1～2
乘員：3人（30人）

《LVT（A）-4》

以LVT-2為基礎製成的火力支援型。搭載75mm榴彈砲的開頂式砲塔沿用自M8自走砲。

〔諸元〕
全長：7.95m
全寬：3.11m
重量：15.9t
引擎：大陸W670-9A 星型7汽缸氣冷汽油引擎
裝甲厚：6～51mm
武裝：M3 75mm榴彈砲×1、M1919A4機槍×1、M2重機槍×1
乘員：5人

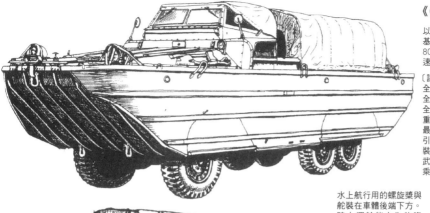

《GMC DUKW》

以GMC CCKW 353載重車的引擎部與傳動部為基礎研製而成的兩棲載重車。陸上最大速度為80km/h，於水上使用螺旋槳推進航行，最高時速10km。

〔諸元〕
全長：9.45m
全寬：2.5m
全高：2.47m
重量：6.5t
最大載重量：2300kg
引擎：GMC model 27091 6汽缸液冷汽油引擎
裝甲厚：6～9mm
武裝：M2重機槍×1
乘員：2人

水上航行用的螺旋槳與舵裝在車體後端下方。陸上運輸能力為物資2.5t或士兵25人，水上運輸能力則為物資5t或士兵50人。為了在海岸或河川等軟質地面行駛，輪胎的胎壓可遙控調整，也備有水上航行用的排水泵。

《GMC DUKW的配置圖》

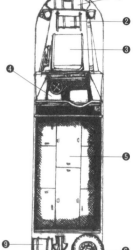

❶擋浪板
❷前甲板艙門
❸引擎艙門
❹駕駛席
❺貨艙
❻備胎
❼絞盤
❽錨
❾後甲板艙門

《M29C 鼬鼠式》

全長：3.2m
全寬：1.68m
全高：1.3m
重量：1.7t
最大載重量：500kg
引擎：斯圖貝克6-170冠軍型6汽缸液冷汽油引擎
乘員：4人

斯圖貝克公司於1942年研製的雪上車，1943年被美軍採用為小型兩棲履帶運輸車。其橡膠履帶寬度為510mm，可在泥濘或沙地上行駛。

M29C為提高水上航行功能的後期型，車體前後加裝浮箱，並且加上舵。雖然它是兩棲車輛，但由於體積較小且乾舷較低，無法在海上運用。

《M29C的內部構造》

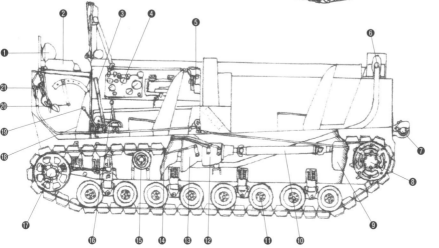

❶大燈
❷滅火器
❸轉向桿
❹儀表板
❺主電源開關
❻排氣管消音器
❼牽引鈎
❽主動輪
❾車軸齒輪箱
❿傳動軸
⓫承載輪
⓬變速箱
⓭離合器機匣
⓮引擎
⓯支輪
⓰排檔桿
⓱惰輪
⓲冷卻器
⓳車軸變速桿
⓴離合器踏板
㉑油門踏板

派遣至朝鮮半島的英軍,也有包括裝甲部隊。1950年8月,首支裝甲部隊於釜山登陸。11月,1個配備最新型百夫長戰車的戰車團也抵達朝鮮。除戰車以外的裝甲車輛,則包括戴姆勒的偵察車與裝甲車,以及履帶式通用載具。它們皆能發揮優異性能,活用於各種任務當中。

《百夫長Mk. III巡航戰車》

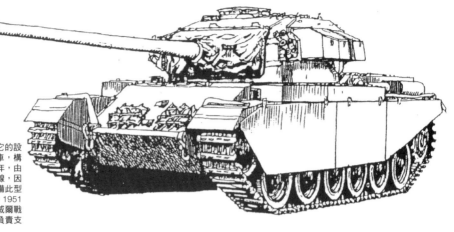

〔諸元〕
全長:9.85m
底盤長:7.82
全寬:3.39m
全高:3.01m
重量:49t
引擎:勞斯萊斯流星式
V型12汽缸液冷汽油引擎
裝甲厚:25～152mm
武裝:20磅(84mm)戰車砲×1、
M1919A4機槍×2
乘員:4人

雖然百夫長被英軍歸類為巡航戰車,但它的設計概念卻結合以往的巡航戰車與步兵戰車,構成一款通用戰車。其研製工作始於1942年,由於試製車要到1945年5月才送抵歐洲戰線,因此未能參與二次大戰。韓戰爆發後,配備此型戰車的部隊於1950年11月在釜山登陸。1951年2月11日,它曾擊毀遭敵繳獲的克倫威爾戰車。百夫長戰車在朝鮮半島戰場上主要負責支援步兵部隊,以及擔任陣地防禦戰鬥。

《百夫長ARV Mk. II》

以百夫長底盤構成的裝甲救濟車,ARV是Armoured Recovery Vehicle的簡稱。

《百夫長Mk. III的內部構造》

① 車長用展望塔
② 射手用潛望鏡
③ 俯仰搖柄
④ 迴旋搖柄
⑤ 20磅砲
⑥ 室內燈
⑦ 速度表
⑧ 轉速表
⑨ 手剎車桿
⑩ 油門踏板
⑪ 剎車踏板
⑫ 離合器踏板
⑬ 轉向桿
⑭ 駕駛席
⑮ 懸吊組
⑯ 射手席
⑰ 砲彈倉
⑱ 油箱
⑲ 滑油冷卻器
⑳ 空氣濾清器
㉑ 冷卻風扇
㉒ 主剎車
㉓ 離合器
㉔ 變速箱通氣孔
㉕ 轉向機剎車
㉖ 排氣柵門
㉗ 空氣濾清器
㉘ 發電機
㉙ 進氣柵門
㉚ 逃生門
㉛ 車長席

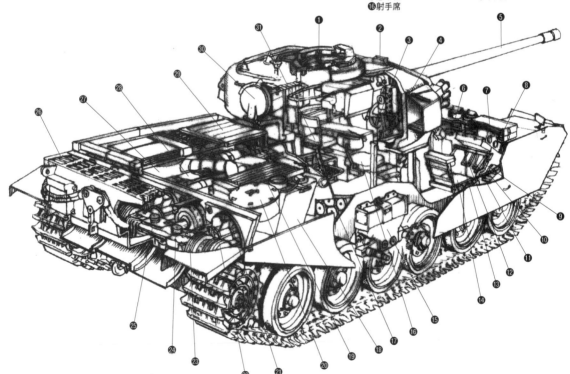

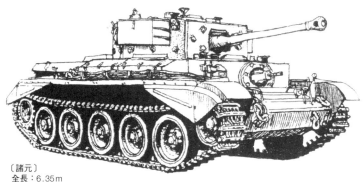

《克倫威爾 Mk. Ⅳ》

為取代十字軍巡航戰車而研製，自1944年6月的諾曼第戰役開始投入實戰。Mk. Ⅳ是把主砲從6磅砲換成75mm砲的車型。1輛於釜山橋頭堡戰役被北韓軍擄獲的克倫威爾戰車在仁川被當成海岸砲台使用，這輛車後來又被1950年9月登陸仁川的韓國海軍陸戰隊擄獲，在規復首爾之前加以運用，最後則由英軍收回。

〔諸元〕
全長：6.35m
全寬：2.91m
全高：2.49m
重量：27.5t
引擎：勞斯萊斯流星式 V型12汽缸液冷汽油引擎
裝甲厚：12.7～76mm
武裝：QF 75mm戰車砲×1、貝莎機槍×2
乘員：5人

《邱吉爾 Mk. Ⅶ鱷魚》

由第7皇家戰車團底下的1個連配備。原本是火焰噴射戰車，但在韓戰則將火焰噴射器卸除後運用。

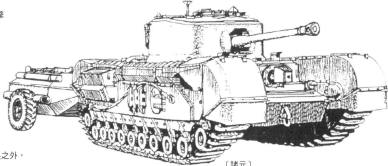

《通用載具 Mk. Ⅱ》

小型裝甲運兵車。配備於機械化部隊，除了步兵之外，也能載運機槍、迫擊砲，或是用來牽引戰防砲。

〔諸元〕
底盤長：7.7m
全寬：3.25m
全高：3.25m
重量：40.6t
引擎：貝德福德 水平對臥12汽缸液冷汽油引擎
裝甲厚：25～152mm
武裝：QF 75mm戰車砲×1、貝莎機槍×2
乘員：5人

〔諸元〕
全長：3.65m
全寬：2.1m
全高：1.57m
重量：3.8t
引擎：福特 V型8汽缸液冷汽油引擎
裝甲厚：7～10mm
武裝：布倫輕機槍×2
乘員：2～5人

《邱吉爾裝甲架橋車》

使用Mk. Ⅲ或Mk. Ⅵ的底盤，加裝長9.1m的戰車橋構成的履帶機動橋。戰車橋可承重60t，以液壓機構進行架設。

《半人馬裝甲推土車》

將衍生自克倫威爾的半人馬巡航戰車的砲塔卸除，加裝液壓作動式推土鏟的車型。

英國製的裝甲車與非裝甲車輛，除了英軍之外，也會配備於加拿大、澳大利亞、紐西蘭等大英國協軍。除了英國製品外，它們也會使用本國授權生產版或自製車型，而大英國協生產的車輛也會反過來提供給英軍使用。

《戴姆勒 Mk.Ⅱ偵察車》

供戰車團長程偵察部隊或砲兵隊聯絡用的小型裝甲偵察車。Mk.Ⅱ除了 Mk.Ⅰ的4輪傳動、4輪轉向功能，改良為前輪傳動式。路上最高速度為89km/h。

〔諸元〕
全長：3.18m
全寬：1.71m
全高：1.5m
重量：3t
引擎：戴姆勒6汽缸氣冷汽油引擎
裝甲厚：正面30mm、側面12mm
武裝：布倫輕機槍×1
乘員：2人

《戴姆勒 Mk.Ⅱ裝甲車》

與戴姆勒偵察車一起研製的4輪傳動裝甲車。在偵察部隊會搭配偵察車一起運用。它的懸吊系統是採用獨立線圈彈簧式，越野行駛的可靠性頗高，路上最高速度為80km/h。

〔諸元〕
全長：4m
全寬：2.46m
全高：2.26m
重量：7.6t
引擎：戴姆勒6汽缸氣冷汽油引擎
裝甲厚：7～16mm
武裝：QF 2磅（40mm）戰車砲×1、貝莎機槍×1、布倫輕機槍×1
乘員：3人

《雪佛蘭 C15A》

第二次世界大戰時期，加拿大通用動力雪佛蘭公司與加拿大福特公司研製的CMP（Canadian Military Pattern）卡車系列之一。採4輪傳動，最大載重量750kg。

《雪佛蘭 C30》

這型卡車也是加拿大的CMP系列之一。採4輪傳動，最大載重量1.5t。

《CMP FAT F2》

CMP系列的野砲牽引用卡車。FAT是「Field Artillery Tractor」的簡稱。由於它必須要能牽引野砲越野行駛，因此輪胎尺寸會比載重卡車還要大。QF 25磅砲會與彈藥車一起牽引。乘員包括駕駛在內共有6人。

《百福 QLD》

由英國佛賀汽車公司生產的QL系列通用載重車，用來運輸人員、物資。採4輪傳動，最大載重量3t。

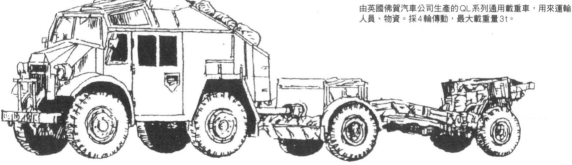

韓國軍從開戰到停戰使用的車輛均為美國製，戰車包括自1951年4月開始供應的M24輕戰車與M36驅逐戰車。

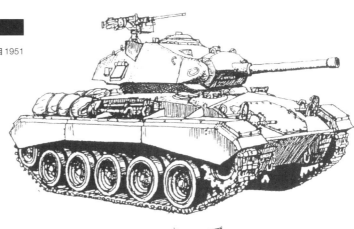

《M24霞飛輕戰車》

開戰後為了在韓國軍編組戰車部隊，由美國提供。

《M8裝甲車》

開戰時，韓國陸軍的裝甲團配備此型車。雖然它的性能實在無法對抗北韓軍的T-34-85，但為了抵禦敵軍攻擊，還是投入反戰車戰鬥，據說於1950年12月前損失殆盡。

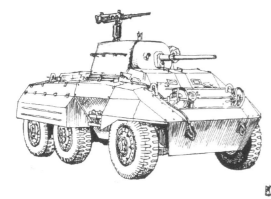

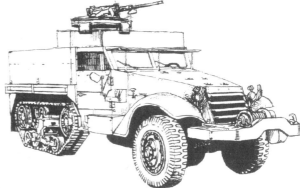

《M3A1半履帶車》

與M8裝甲車一起配備於裝甲團。除了運輸人員之外，也會配備於反戰車部隊，用以牽引戰防砲。

《M36傑克森驅逐戰車》

與M24一起供應。配備與M26相同的90mm砲，火力足以擊毀T-34-85，但由於是驅逐戰車，裝甲厚度比M4戰車還要薄，防護力較差。提供給韓國軍的M36有部分會在底盤正面加裝機槍，據說這是在位於東京赤羽的美軍倉庫改造而成。

〔諸元〕
全長：7.64m
底盤長：5.97m
全寬：3.04m
全高：2.17m
重量：28.1t
引擎：福特GAA V型12汽缸液冷汽油引擎
裝甲厚：9.5～76.2mm
武裝：M3 90mm戰車砲×1、M2重機槍×1
乘員：5人

《M36的內部構造》

❶90mm戰車砲
❷變速箱
❸駕駛席
❹傳動軸
❺砲塔籃
❻戰鬥室
❼引擎
❽砲彈倉
❾M2重機槍

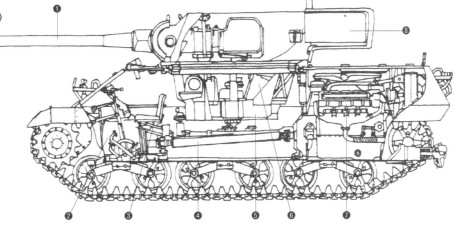

103

聯合國軍的軍裝

韓戰時期美軍使用的制服與裝備，基本上都是沿用自第二次世界大戰，包括戰爭期間的改良型，以及大戰末期採用的型號。然而，到了1951年之後，也會開始配發防寒制服與防破片衣等二戰後研製、採用的新型裝備。

《M1950夾克》

參考英軍戰鬥服於1944年採用的M44野戰夾克（也稱作「艾森豪夾克」、「艾克夾克」）的改良型。雖為常服與戰鬥服兼用，但卻不會用於野戰。

《M1944 HBT夾克》

野戰工作服。1949年將金屬鈕扣改成塑膠材質，其他設計則未更動。

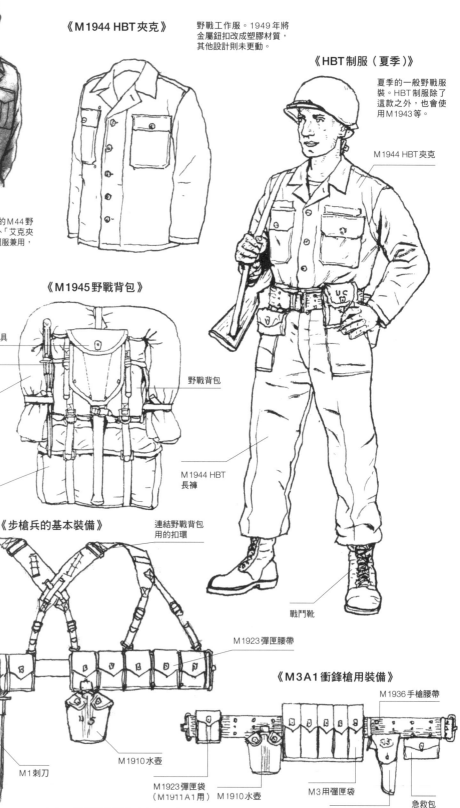

《HBT制服（夏季）》

夏季的一般野戰服裝。HBT制服除了這款之外，也會使用M1943等。

M1944 HBT夾克

《M1／2卡賓槍彈匣袋》

15發彈匣袋

延長卡賓槍／步槍彈匣袋的上蓋製成的首款30發彈匣袋。

4個彈匣用袋

《M1945野戰背包》

M1943土工器具

M1刺刀

毛毯／帳篷

雜物袋

野戰背包

M1944 HBT長褲

《步槍兵的基本裝備》

連結野戰背包用的扣環

M1923彈匣腰帶

M1944裝備吊帶

與野戰背包一起採用。由於M1944／45野戰背包沒有肩揹帶，因此必須與這款裝備吊帶連結使用。

M1刺刀

M1910水壺

《M3A1衝鋒槍用裝備》

M1936手槍腰帶

M1923彈匣袋（M1911A1用）　M1910水壺

M3用彈匣袋

M1916臀部槍套

急救包

個人用戰鬥裝備的材質顏色多會是橄欖綠。

戰鬥靴

《各種帽子》

〔M1951野戰帽〕

戰爭後半開始使用的棉綢野戰帽。
其他也會使用M1943野戰帽或
M1943 HBT小帽。

〔M1鋼盔〕

大戰末期與大戰後的生產品會把顎
帶等布質品的顏色從卡其色改成橄
欖綠。當戰鬥轉為陣地戰之後，官
兵為了防止鋼盔反射光線，會利用
沙包袋等套住鋼盔。

〔M1951野戰毛織帽〕

以羊駝毛織料製成的
寒冷地區用防寒帽。

將M1951野戰毛織帽的帽檐
與耳罩放下來的狀態。

《野戰服（秋季～冬季）》

1951年秋季之後普及的當時最新型
M1951野戰夾克與野戰長褲。依據
季節，有時也會在HBT制服上穿著
野戰夾克。

M1944裝備吊帶

M1951野戰夾克

〔野戰夾克風帽〕
材質與野戰夾克相同的風帽，
利用夾克肩膀與衣領上的鈕扣
裝上。

〔M1943毛織內襯衣〕
二次大戰期間與M1943
野戰夾克一起採用的防寒
內襯衣。採用毛織內襯後
仍有部分使用。為了防
風，領口與袖口採伸縮針
織製成。

頭戴毛織帽，身
穿M1951野戰夾
克的第1騎兵師
士兵。有些官兵
會把階級章繡在
毛織帽的帽檐上。

M1951野戰長褲

〔M1951野戰夾克〕
M43／50野戰夾克的後繼款冬季戰
鬥服。較大的改良點在於前門襟採用
拉鍊與按扣雙重閉合式，口袋蓋的鈕
扣也改成按扣，腰部束帶的兩端會露
出外側。內襯設計沿襲自M50野戰
夾克，毛織料的內襯會以鈕扣固定在
夾克內側。

戰鬥靴
此外也會使用M1943戰鬥勤務靴
（2帶式綁腿靴）。

《卡賓槍用裝備》

卡賓槍用15發彈
匣袋

M1910水壺

M1916臀部槍套

M1923彈匣袋
（M1911A1用）

《M1918A1 BAR用裝備》

M1938 BAR彈匣腰帶

M1910水壺

急救包

《備用彈帶》

有Cal.30與Cal.30卡賓槍用2種。

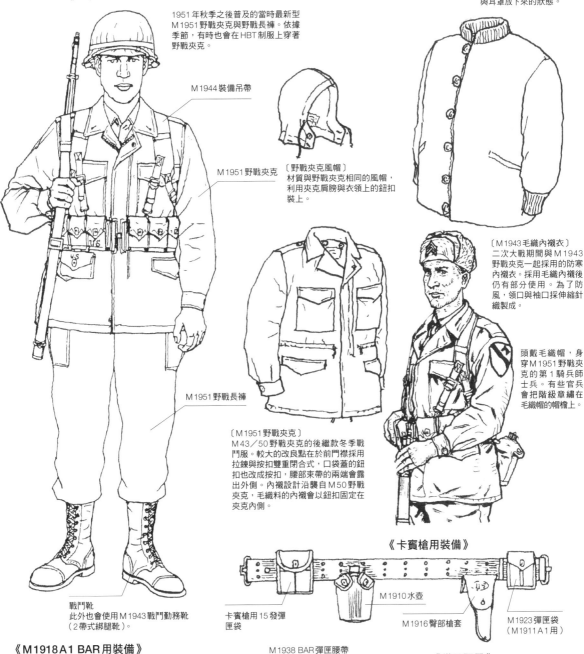

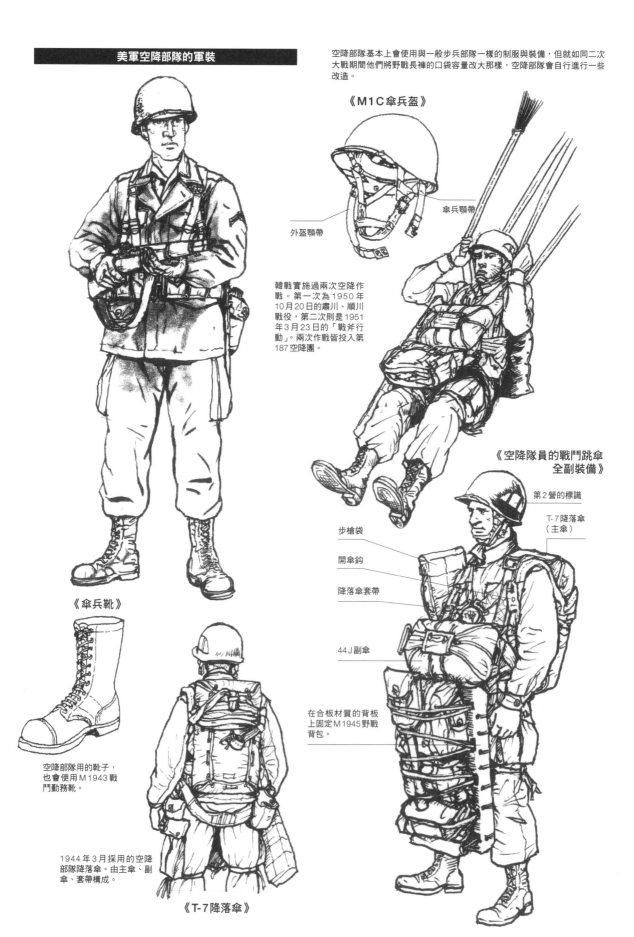

美軍空降部隊的軍裝

空降部隊基本上會使用與一般步兵部隊一樣的制服與裝備，但就如同二次大戰期間他們將野戰長褲的口袋容量改大那樣，空降部隊會自行進行一些改造。

《M1C傘兵盔》

傘兵顎帶

外盔顎帶

韓戰實施過兩次空降作戰。第一次為1950年10月20日的肅川、順川戰役，第二次則是1951年3月23日的「戰斧行動」。兩次作戰皆投入第187空降團。

《空降隊員的戰鬥跳傘全副裝備》

第2營的標識

T-7降落傘（主傘）

步槍袋

開傘鉤

降落傘套帶

44J副傘

在合板材質的背板上固定M1945野戰背包。

《傘兵靴》

空降部隊用的靴子，也會使用M1943戰鬥勤務靴。

1944年3月採用的空降部隊降落傘。由主傘、副傘、套帶構成。

《T-7降落傘》

穿著HBT連身服的戰車兵。這副模樣與二次大戰幾無二致。

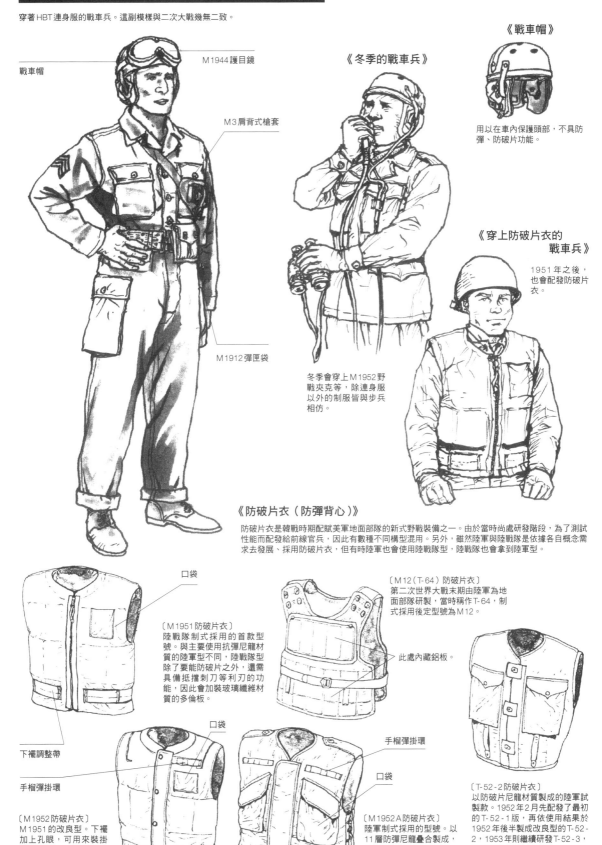

《戰車帽》

用以在車內保護頭部，不具防彈、防破片功能。

M1944護目鏡

戰車帽

M3肩背式槍套

《冬季的戰車兵》

M1912彈匣袋

冬季會穿上M1952野戰夾克等，除連身服以外的制服皆與步兵相仿。

《穿上防破片衣的戰車兵》

1951年之後，也會配發防破片衣。

《防破片衣（防彈背心）》

防破片衣是韓戰時期配賦美軍地面部隊的新式野戰裝備之一。由於當時尚處研發階段，為了測試性能而配發給前線官兵，因此有數種不同構型混用。另外，雖然陸軍與陸戰隊是依據各自概念需求去發展、採用防破片衣，但有時陸軍也會使用陸戰隊型，陸戰隊也會拿到陸軍型。

口袋

〔M1951防破片衣〕
陸戰隊制式採用的首款型號。與主要使用抗彈尼龍材質的陸軍型不同，陸戰隊型除了要能防破片之外，還需具備抵擋刺刀等利刃的功能，因此會加裝玻璃纖維材質的多倫板。

〔M12（T-64）防破片衣〕
第二次世界大戰末期由陸軍為地面部隊研製，當時稱作T-64，制式採用後定型號為M12。

此處內藏鋁板。

下襬調整帶

手榴彈掛環

口袋

手榴彈掛環

口袋

〔M1952防破片衣〕
M1951的改良型。下襬加上孔眼，可用來裝掛袋類裝備。

孔眼

〔M1952A防破片衣〕
陸軍制式採用的型號。以11層防彈尼龍疊合製成，用以防止破片傷害。

〔T-52-2防破片衣〕
以防破片尼龍材質製成的陸軍試製款。1952年2月先配發了最初的T-52-1版，再依使用結果於1952年後半製成改良型的T-52-2，1953年則繼續研發T-52-3，並且實際測試運用。

朝鮮半島嚴寒期的氣溫，白天為 -20℃～-25℃，凌晨則會降至 -25℃～-45℃。由於這比二次大戰歐洲戰線的冬季還要酷寒，因此美軍會發給官兵新舊混合的防寒衣物，以讓他們能夠打仗。

《美軍的多層穿法》

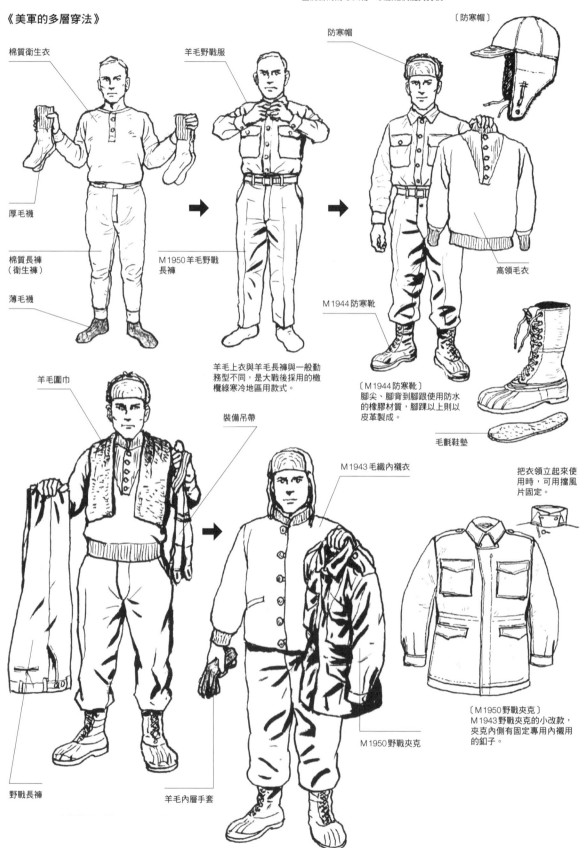

棉質衛生衣

厚毛襪

棉質長褲（衛生褲）

薄毛襪

羊毛野戰服

M1950羊毛野戰長褲

羊毛上衣與羊毛長褲與一般勤務型不同，是大戰後採用的橄欖綠寒冷地區用款式。

〔防寒帽〕

防寒帽

高領毛衣

M1944防寒靴

〔M1944防寒靴〕
腳尖、腳背到腳跟使用防水的橡膠材質，腳踝以上則以皮革製成。

毛氈鞋墊

羊毛圍巾

裝備吊帶

野戰長褲

羊毛內層手套

M1943毛織內襯衣

M1950野戰夾克

把衣領立起來使用時，可用擋風片固定。

〔M1950野戰夾克〕
M1943野戰夾克的小改款，夾克內側有固定專用內襯用的釦子。

《穿著M1950野戰夾克的士兵》

第二次世界大戰的歐洲，是以野戰夾克搭配內襯衣的方式構成防寒服裝。然而，朝鮮半島的冬天卻更加嚴寒，因此會配發原本供山地部隊、滑雪部隊、駐阿拉斯加、阿留申等寒冷地區單位使用的防寒制服，這樣士兵才有辦法撐過寒冬。

野戰夾克風帽

《穿著M1947防寒大衣的士兵》

非兩面式的款式。毛織內襯的本體部分可拆卸，風帽的內襯則會固定在大衣上。

戴上扳機分指式防寒手套。

《兩面式防寒大衣》

寒冷地區用的大衣，與附風帽的羊駝毛內襯一起使用。內面以白色布料製成，供雪地使用。

〔扳機分指式防寒手套〕
套在羊毛手套外層使用。與一般防寒手套不同，有把食指分出來以扣引扳機。

〔M1951大衣風帽〕
防寒內襯風帽，裝在大衣附屬風帽的內側使用。邊緣以郊狼毛皮構成。

《穿著兩面式滑雪罩衫的士兵》

原本是山地、滑雪部隊用的制服。由於它注重的是擋風功能，因此單體並不具備防寒性能。

《在防寒制服上搭配野戰裝備的士兵》

為了抵禦嚴寒，官兵必須穿上許多層衣物，因此還得忍受其重量。

《穿著M1950野戰外套與長褲的士兵》

穿在野戰夾克或外套上的雪中迷彩用白色外套。

《道格拉斯・麥克阿瑟元帥》

（1880 年 1 月 26 日～1964 年 4 月 5 日）

太平洋戰爭時期是西南太平洋戰區盟軍最高統帥，戰爭結束後就任盟軍總司令，推動日本占領政策。韓戰爆發後，於 1950 年 7 月 8 日被任命為聯合國軍總司令，執掌聯合國軍指揮。

1945 年 8 月 30 日，抵達厚木飛行場的麥克阿瑟元帥。玉米芯菸斗與墨鏡是他的著名形象。

遭解任後，麥克阿瑟睽違 14 年回到美國本土，並於 4 月 19 日在美國國會發表「老兵不死，只是逐漸凋零」的知名演說，為長年軍旅生涯拉下布幕。

麥克阿瑟視察前線的模樣，於卡其制服上穿著 A-2 飛行夾克。

中國軍介入後，杜魯門總統便希望早日結束戰爭，但麥克阿瑟卻主張進擊至中朝邊境，兩人在軍事面上的政策對立浮上檯面。除此之外，麥克阿瑟甚至提案要對中國東北使用核武，與中國全面開戰，因此在杜魯門的命令下，於 1951 年 4 月 10 日被解除聯合國軍總司令職務。

1950 年 9 月 14 日，於仁川近海的登陸指揮艦麥金利山號上執掌指揮的麥克阿瑟元帥。

《沃爾頓·哈里斯·華克中將》
（1889年12月3日～1950年12月23日）

第二次世界大戰期間歷任第3裝甲師與第20軍軍長，1948年8月就任第8軍團司令官。韓戰爆發後，他將司令部移往朝鮮半島，執掌釜山橋頭堡戰役指揮。1950年12月23日，他於前線視察時座車發生車禍因而殉職，死後追晉上將。

第20軍部隊徽

《詹姆斯·奧爾沃德·范·符立德中將》
（1892年3月19日～1992年9月23日）

第二次世界大戰歷任第4、第90步兵師師長，戰爭結束時執掌第3軍指揮。韓戰期間，他接替李奇威中將，於1951年4月就任第8軍團司令官。

第8軍團部隊徽

《馬修·邦克·李奇威中將》
（1895年3月3日～1993年7月26日）

第18空降軍部隊徽

第二次世界大戰歷任第82空降師師長、第18空降軍軍長，在歐洲戰線指揮空降部隊。1950年12月，因華克中將殉職而接任第8軍團司令官。他擋下了中國軍的攻勢，並於翌年指揮聯合國軍的反攻作戰。之後，他接替麥克阿瑟，於1951年4月至1952年4月擔任聯合國軍總司令。

第二次世界大戰於太平洋戰線歷任第1陸戰師的團長、該師副師長、第10軍團陸戰隊副參謀長等職務。韓戰期間於仁川登陸作戰、長津湖戰役指揮第1陸戰師。

《奧利弗·普林斯·史密斯上將》
（1893年10月26日～1977年12月25日）

英軍也和美軍一樣，樣式基本上與第二次世界大戰相同。然而，英軍官兵最具代表性的羊毛戰鬥服，使用的則是大戰款式的改良型P（Pattern）1949制服。單兵戰鬥裝備使用的是P1937（P37），但由於卡其色的布料太過顯眼，因此會染成綠色使用。

《英國陸軍步兵的基本裝備》

《蘇格蘭部隊軍官》

望遠鏡盒

No. 4 Mk.I步槍

P1949戰鬥服羊毛夾克

手槍套

地圖袋

〔Mk. IV鋼盔〕
改良自1944年開始使用的Mk. III鋼盔，於1945年開始生產。

彈匣袋

斗篷雨衣

輕便型防毒面具攜行袋

土工器具

P1949戰鬥服羊毛長褲

圓鍬

背包

馬克杯

水壺

《P1950戰鬥服》

英軍參考美軍的M1943野戰夾克，於1950年採用的野戰用棉質夾克，與長褲一併採用。前門襟為鈕扣與拉鍊並用，為了方便帶著手套也能解開鈕扣，扣子尺寸比較大，且全部露在外面。

耳罩

〔P1950戰鬥帽〕
使用與戰鬥服同款棉料製成的野戰帽，附可以蓋住耳朵的耳罩。

《穿上防寒背心的士兵》
防寒背心的表層是皮製，內裡是羊毛材質。

《穿上防破片衣的士兵》
英軍有些部隊會從美軍那裡拿到防破片衣。

〔P1950戰鬥服用可拆式風帽〕
以戰鬥服肩膀和衣領上的扣子固定。

《穿著P1950戰鬥服的士兵》

P1950戰鬥服是從1949年開始研製的冬季用戰鬥服，韓戰期間於1951～1952年的冬季使用，但由於數量較少，因此是由最前線部隊優先配發。

《身穿防風迷彩罩衫的第1格羅斯特團士兵（1950年冬季）》

由於SAS部隊也會使用這款罩衫，因此又稱作SAS罩衫。它會穿在層層衣物的最外層，不僅具備迷彩效果，也能發揮防寒功用。有些部隊會使用同款設計的雪地迷彩版本。

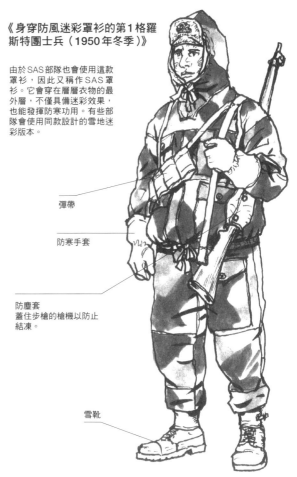

彈帶

防寒手套

防塵套
蓋住步槍的槍機以防止結凍。

雪靴

《防風迷彩罩衫》

為了套在戰鬥服等多層衣物的最外層，尺寸會比較大。

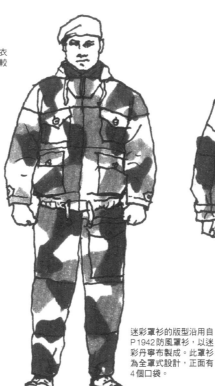

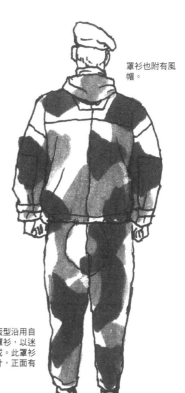

罩衫也附有風帽。

迷彩罩衫的版型沿用自P1942防風罩衫，以迷彩丹寧布製成。此罩衫為全罩式設計，正面有4個口袋。

英軍的戰車兵

英軍戰車兵會穿著專用連身服，採用於二次大戰期間的1942年，一般稱作「小精靈裝」。

《標準戰車兵》

戰車兵的貝雷帽是黑色

護目鏡

裝甲車輛乘員用的槍套

《冬季的戰車兵》

冬季會使用防寒連身服。此款式採用於1943年，前門襟左右兩處有拉鍊，可從衣領拉開到下襬。它與一般型連身服一樣，都有附可拆式風帽。

前拉鍊

第8愛爾蘭近衛騎兵團的徽章

大英國協的各國軍士兵

大英國協軍隸屬於當地編成的第27、第28步兵旅。各旅編制包括英軍8個營、澳洲軍3個營、加拿大軍1個團、紐西蘭軍1個營。後來這兩個旅於1951年7月合併，改稱為大英國協第1步兵師。

《印度軍士兵》

規模：隸屬空降團的1個衛生部隊
所屬：第27、第28大英國協步兵旅
軍裝：英式
兵器：英式

《加拿大軍士兵》

規模：1個旅
所屬：第27、第28大英國協步兵旅
軍裝：英式
兵器：自製、英式

《澳洲軍士兵》

規模：2個步兵營（4400人）
所屬：第27、第28大英國協步兵旅
軍裝：自製、英式
兵器：自製、英式

《紐西蘭軍士兵》

規模：1個砲兵連（約500人）
所屬：第27、第28大英國協步兵旅
軍裝：自製、英式
兵器：英式

除大英國協軍以外的聯合國軍，主要是配屬於美軍。在停戰之前，各部隊會與美軍一起在各地作戰。

《法軍士兵》

《荷蘭軍士兵》

《比利時軍士兵》

規模：1個步兵營（約1400人）
所屬：美國第2步兵師
　　　第23步兵團
軍裝：自製、美式
兵器：美式

規模：1個步兵營（約640人）
所屬：美國第7步兵師第32步兵團
軍裝：自製、美式
兵器：美式

規模：1個步兵營（約800人）
所屬：英國第29旅、美國第1騎兵師、
　　　第3步兵師
軍裝：自製、美式、英式
兵器：自製、美式

《土耳其軍士兵》

《泰軍士兵》

《菲律賓軍士兵》

規模：1個步兵旅（約6000人）
所屬：美國第2步兵師
軍裝：美式
兵器：美式

規模：1個步兵團（約4000人）
所屬：美國第2步兵師
軍裝：自製、美式
兵器：美式

規模：1個步兵營、1個戰車連（約5000人）
所屬：美國第1騎兵師、第3、第25、第45步兵師
軍裝：美式
兵器：美式

《哥倫比亞軍士兵》

規模：1個步兵營（約1100人）
所屬：美國第24步兵師
軍裝：美式
兵器：美式

《衣索比亞軍士兵》

規模：1個近衛兵營（約1100人）
所屬：美國第7步兵師第32步兵團
軍裝：美式
兵器：美式

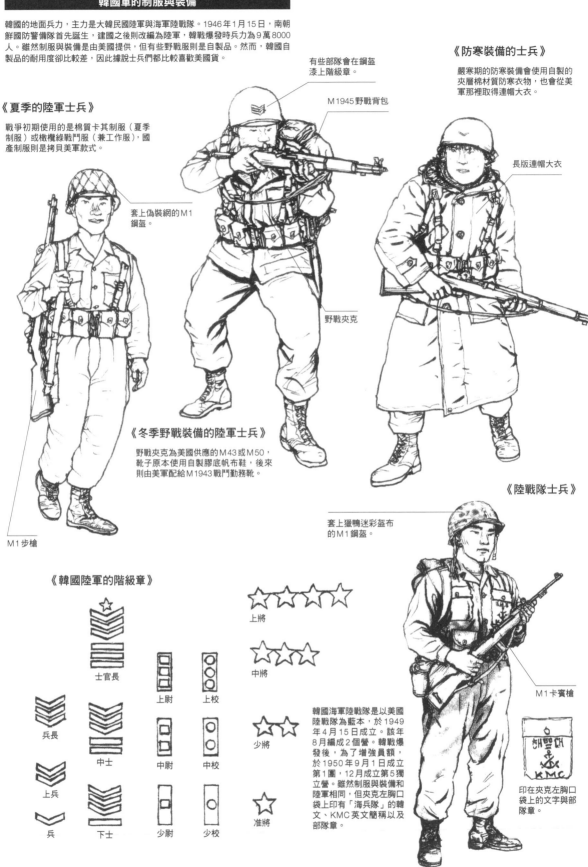

韓國軍的制服與裝備

韓國的地面兵力,主力是大韓民國陸軍與海軍陸戰隊。1946年1月15日,南朝鮮國防警備隊首先誕生,建國之後則改編為陸軍,韓戰爆發時兵力為9萬8000人。雖然制服與裝備是由美國提供,但有些野戰服則是自製品。然而,韓國自製品的耐用度卻比較差,因此據說士兵們都比較喜歡美國貨。

有些部隊會在鋼盔漆上階級章。

M1945野戰背包

《防寒裝備的士兵》

嚴寒期的防寒裝備會使用自製的夾層棉材質防寒衣物,也會從美軍那裡取得連帽大衣。

《夏季的陸軍士兵》

戰爭初期使用的是棉質卡其制服(夏季制服)或橄欖綠戰鬥服(兼工作服),國產制服則是拷貝美軍款式。

長版連帽大衣

套上偽裝網的M1鋼盔。

野戰夾克

《冬季野戰裝備的陸軍士兵》

野戰夾克為美國供應的M43或M50,靴子原本使用自製膠底帆布鞋,後來則由美軍配給M1943戰鬥勤務靴。

M1步槍

《陸戰隊士兵》

套上獵鴨迷彩盔布的M1鋼盔。

《韓國陸軍的階級章》

上將

中將

少將

准將

士官長

上尉　上校

中尉　中校

少尉　少校

兵長

中士

上兵

兵　　下士

M1卡賓槍

韓國海軍陸戰隊是以美國陸戰隊為藍本,於1949年4月15日成立。該年8月編成2個營。韓戰爆發後,為了增強員額,於1950年9月1日成立第1團,12月成立第5獨立營。雖然制服與裝備和陸軍相同,但夾克左胸口袋上印有「海兵隊」的韓文、KMC英文簡稱以及部隊章。

印在夾克左胸口袋上的文字與部隊章。

韓國軍的將軍

《丁一權》
（1917年11月21日～1994年1月17日）

奉天軍官學校、日本陸軍士官學校畢業。第二次世界大戰結束時是滿洲國軍軍官。大戰後歷任南朝鮮國防警備隊的團長、總參謀長等職。韓戰爆發後，於1950年6月就任陸軍參謀總長與陸海空軍總司令等職，執掌軍隊指揮。停戰時階級為中將。

《白善燁》
（1920年11月23日～2020年7月10日）

第二次世界大戰時期自奉天軍官學校畢業後，派任滿州國軍步兵第28團。大戰後於1946年2月26日加入南朝鮮國防警備隊，歷任團長與旅參謀長等職務。韓戰爆發時擔任第1師師長，於戰爭初期的首爾防衛戰與釜山橋頭堡戰役執掌第一線指揮工作，並在1950年10月率先進入平壤。他的形象勇猛剽悍，人稱「白將軍」、「Whity」。1951年以後，他歷任軍長、停戰會議韓國軍代表、參謀總長兼戒嚴司令官等職務。1953年1月31日晉升韓國陸軍首位上將。

《陸軍軍官的制服》

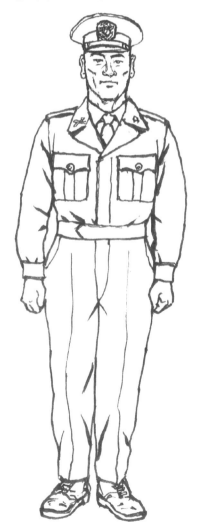

軍官的冬季軍常服。使用美軍提供的艾森豪夾克與羊毛長褲。夏季則改用棉質卡其襯衫與長褲。

橄欖綠戰鬥服搭配M41野戰夾克的樣貌。

穿著M43 HBT夾克與長褲的最前線樣貌，HBT制服也會使用M49。

陣地構築

掩體會在據點防禦或移動中野宿之際構築，依據地形與用途，有從單人用到配合機槍等武器用，種類相當繁多。

共產軍的攻擊相當猛烈。
因此陣地要構築確實。

《臥射用散兵坑》

在敵火下挖掘的應急掩體。

15 cm

45 cm

60 cm

180～200 cm
（配合身高）

《單兵用立射散兵坑》

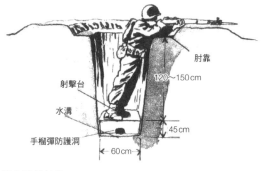

肘靠

射擊台

水溝

手榴彈防護洞

120～150 cm

45 cm

60 cm

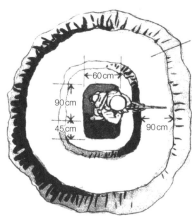

利用挖出的土，在立坑正面與四周堆出掩蔽土堆。

60 cm

90 cm

45 cm

90 cm

《雙人散兵坑》

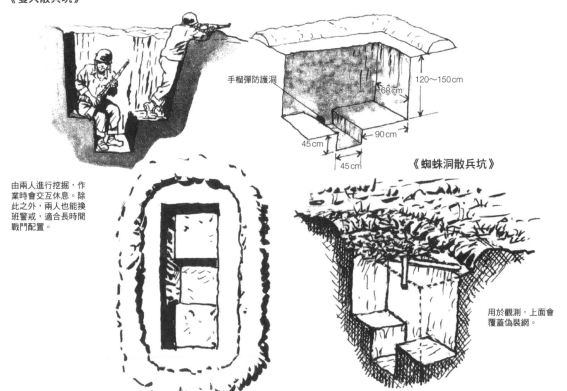

手榴彈防護洞

120～150 cm

60 cm

90 cm

45 cm

45 cm

由兩人進行挖掘，作業時會交互休息。除此之外，兩人也能換班警戒，適合長時間戰鬥配置。

《蜘蛛洞散兵坑》

用於觀測，上面會覆蓋偽裝網。

機槍掩體

《開放式淺坑型》

偽裝網

不挖深壕，僅整平地面的型式。

《狐洞型》

以機槍為中心，分別挖掘射手、彈藥手、指揮官用散兵坑的型式。

彈藥手　輔助坑

射手

指揮官

《60mm迫擊砲掩體》

迫擊砲的左右兩側挖有裝填手與瞄準手用的單人掩體。

《強化型掩體》

不只是在地面挖洞，還會以沙包補強包括土堆在內的坑內胸牆部分。用於野戰陣地。

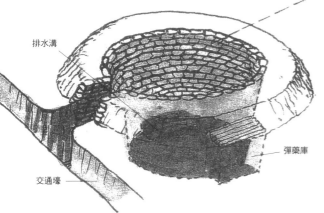

排水溝

彈藥庫

交通壕

《開放式立射型》

雙人掩體的應用型，設有放置機槍三腳架用的槍座。

《利用V字型掩體構成的機槍掩體》

直接利用地表，構築槍座部分。

《81mm迫擊砲掩體》

砲彈庫

彈藥手掩體
（必要時會去取砲彈提供給迫擊砲）

砲彈庫

裝填手

瞄準手

通信器
（無線或有線）

瞄準標竿

《81mm迫擊砲掩體尺寸》

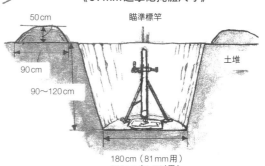

50cm

瞄準標竿

土堆

90cm

90～120cm

180cm（81mm用）
244cm（4.2吋用）

〔81mm用〕
開口直徑：244cm
深：120cm
瞄準標竿：50m

〔4.2吋用〕
開口直徑：366cm
深：137cm
瞄準標竿：91m

鐵絲網

戰爭中期以後，戰事轉變為陣地戰，鐵絲網因此成為保護陣地的重要阻絕設施。

架設有刺鐵絲網之際，必須戴上專用手套或厚皮手套。

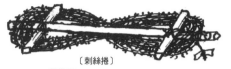

〔刺絲捲〕
長約30m，
刺絲末端會綁上白布做記號。

《頂眼結》 綁在螺旋椿最頂端時使用，從椿眼上方往下穿過捲住。

《中眼結》 綁在除最頂端外的椿眼時使用，從上方捲過兩圈以上。

《椿結》 捲在木椿頂端的方法。

《捲固結》　　**《刺絲結》**

《屋頂結》 將鐵絲連結至其他鐵絲的方法。

《椿的種類》 若要有效架設鐵絲網，就得先植椿。工兵用椿有數個種類，會依架設形式選擇形狀與尺寸。

〔螺旋椿〕
在最前線植椿之際，為了避免打椿的聲音被敵人聽見，架設時須盡量避免發出聲音，因此設計出這種螺旋轉入地面的椿，如此還能免用槌子。

〔L型椿〕
金屬材質，開有缺口以捲上刺絲。

〔U型椿（金屬製）〕

〔木椿〕

長約167cm
直徑約5～10cm

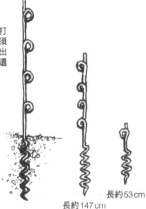 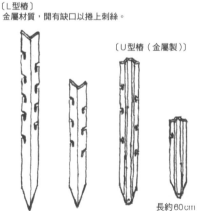 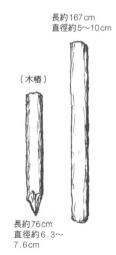

長約147cm

長約53cm

長約182cm

長約111cm

長約81～152cm

長約60cm

長約76cm
直徑約6.3～7.6cm

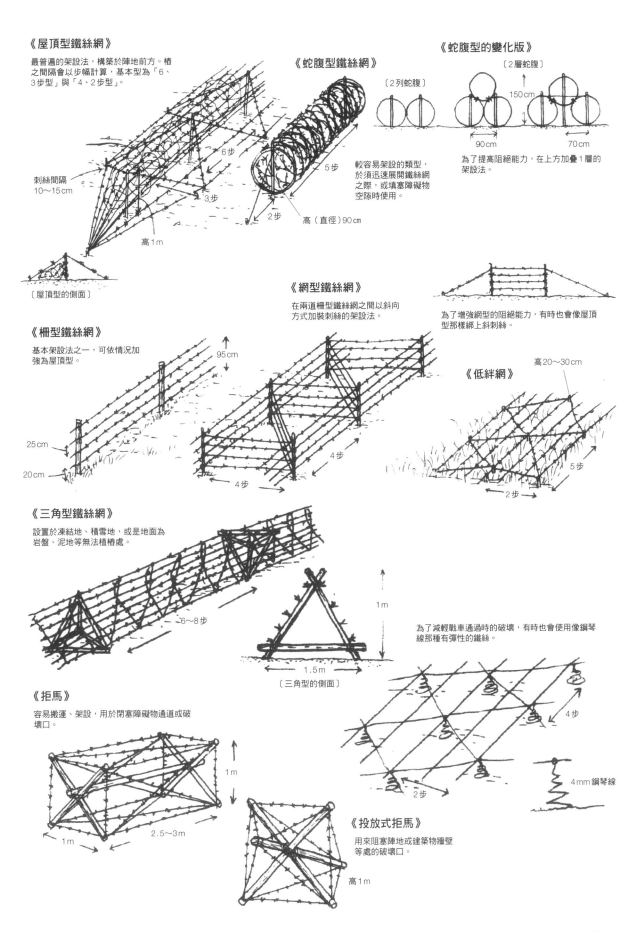

《屋頂型鐵絲網》

最普遍的架設法，構築於陣地前方。樁之間隔會以步幅計算，基本型為「6、3步型」與「4、2步型」。

刺絲間隔
10～15cm

6步

3步

2步

高1m

〔屋頂型的側面〕

《蛇腹型鐵絲網》

5步

較容易架設的類型，於須迅速展開鐵絲網之際，或填塞障礙物空隙時使用。

高（直徑）90cm

《蛇腹型的變化版》

〔2層蛇腹〕

〔2列蛇腹〕

150cm

90cm

70cm

為了提高阻絕能力，在上方加疊1層的架設法。

《網型鐵絲網》

在兩道柵型鐵絲網之間以斜向方式加裝刺絲的架設法。

為了增強網型的阻絕能力，有時也會像屋頂型那樣綁上斜刺絲。

《柵型鐵絲網》

基本架設法之一，可依情況加強為屋頂型。

95cm

25cm

20cm

4步

4步

《低絆網》

高20～30cm

5步

2步

《三角型鐵絲網》

設置於凍結地、積雪地，或是地面為岩盤、泥地等無法植樁處。

6～8步

1m

1.5m

〔三角型的側面〕

為了減輕戰車通過時的破壞，有時也會使用像鋼琴線那種有彈性的鐵絲。

4步

2步

4mm鋼琴線

《拒馬》

容易搬運、架設，用於閉塞障礙物通道或破壞口。

1m

1m

2.5～3m

《投放式拒馬》

用來阻塞陣地或建築物牆壁等處的破壞口。

高1m

防戰車障礙物

用以妨礙包括戰車在內的車輛交通往來，除了道路之外，也會設置在敵車輛預想進擊處。類型包括於無障礙物之遼闊平地、斜面等處挖掘的壕型，以及於道路要衝設置木材、金屬樁、混凝土塊、石塊的方法。

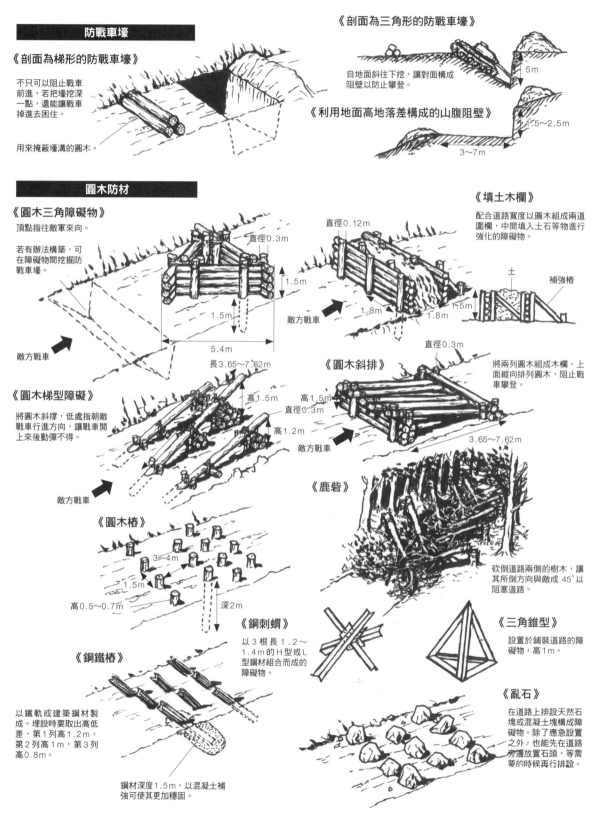

防戰車壕

《剖面為梯形的防戰車壕》

不只可以阻止戰車前進，若把壕挖深一點，還能讓戰車掉進去困住。

用來掩蔽壕溝的圓木。

《剖面為三角形的防戰車壕》

自地面斜往下挖，讓對面構成阻壁以防止攀登。

5m

《利用地面高地落差構成的山腹阻壁》

1.5～2.5m

3～7m

圓木防材

《圓木三角障礙物》

頂點指往敵軍來向。

若有辦法構築，可在障礙物間挖掘防戰車壕。

直徑0.3m

1.5m

1.5m

5.4m

長3.65～7.62m

敵方戰車

《圓木梯型障礙》

將圓木斜撐，低處指朝敵戰車行進方向，讓戰車開上來後動彈不得。

高1.5m

高1.2m

敵方戰車

《填土木欄》

配合道路寬度以圓木組成兩道圍欄，中間填入土石等物進行強化的障礙物。

直徑0.12m

1.8m

1.8m

1.5m

土

補強樁

《圓木斜排》

高1.5m

直徑0.3m

直徑0.3m

3.65～7.62m

敵方戰車

將兩列圓木組成木欄，上面縱向排列圓木，阻止戰車攀登。

《圓木樁》

3～4m

1.5m

高0.5～0.7m

深2m

《鹿砦》

砍倒道路兩側的樹木，讓其所倒方向與敵成45°以阻塞道路。

《鋼刺蝟》

以3根長1.2～1.4m的H型或L型鋼材組合而成的障礙物。

《鋼鐵樁》

以鐵軌或建築鋼材製成。埋設時要取出高低差，第1列高1.2m，第2列高1m，第3列高0.8m。

鋼材深度1.5m，以混凝土補強可使其更加穩固。

《三角錐型》

設置於鋪裝道路的障礙物，高1m。

《亂石》

在道路上排設天然石塊或混凝土塊構成障礙物。除了應急設置之外，也能先在道路旁邊放置石頭，等需要的時候再行排設。

地雷

剛開戰時，聯合國軍唯一能對抗北韓軍T-34-85的武器就只有戰防雷。然而，開戰前埋設的地雷到底發揮多少效果則不得而知。截至停戰，聯合國軍破壞的北韓軍裝甲車輛約有300輛，依據報告，其中有5%是戰防雷的戰果。

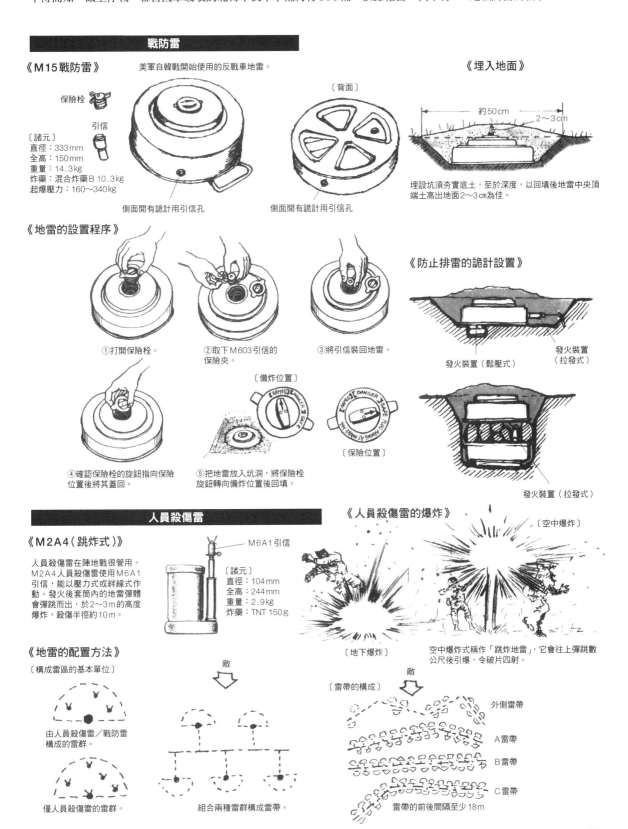

戰防雷

《M15戰防雷》　美軍自韓戰開始使用的反戰車地雷。

保險栓

引信

〔諸元〕
直徑：333mm
全高：150mm
重量：14.3kg
炸藥：混合炸藥B 10.3kg
起爆壓力：160～340kg

側面開有詭計用引信孔

〔背面〕

側面開有詭計用引信孔

《埋入地面》

約50cm
2～3cm

埋設坑須夯實底土，至於深度，以回填後地雷中央頂端土高出地面2～3cm為佳。

《地雷的設置程序》

①打開保險栓。

②取下M603引信的保險夾。

③將引信裝回地雷。

〔備炸位置〕

〔保險位置〕

④確認保險栓的旋鈕指向保險位置後將其蓋回。

⑤把地雷放入坑洞，將保險栓旋鈕轉向備炸位置後回填。

《防止排雷的詭計設置》

發火裝置（鬆壓式）

發火裝置（拉發式）

發火裝置（拉發式）

人員殺傷雷

《M2A4（跳炸式）》

人員殺傷雷在陣地戰很管用。M2A4人員殺傷雷使用M6A1引信，能以壓力式或絆線式作動。發火後套筒內的地雷彈體會彈跳而出，於2～3m的高度爆炸，殺傷半徑約10m。

M6A1引信

〔諸元〕
直徑：104mm
全高：244mm
重量：2.9kg
炸藥：TNT 150g

《人員殺傷雷的爆炸》

〔空中爆炸〕

〔地下爆炸〕

空中爆炸式稱作「跳炸地雷」，它會往上彈跳數公尺後引爆，令破片四射。

《地雷的配置方法》

〔構成雷區的基本單位〕

由人員殺傷雷／戰防雷構成的雷群。

僅人員殺傷雷的雷群。

敵

組合兩種雷群構成雷帶。

敵

〔雷帶的構成〕

外側雷帶

A雷帶

B雷帶

C雷帶

雷帶的前後間隔至少18m

手勢信號

手勢信號是在有敵人正在靠近或是身處敵區時，以不發出聲音的方式進行溝通的手段。

由於在戰場上常會碰到無法大聲說話的狀況，因此必須熟記手勢信號。

《集合》

《注意》

《幹部集合》

《準備好了嗎》

《不清楚》

《前進》

《前進或跟上》

《走步》

《跑步》

《列隊》

《臥倒》

《停止》

《稍等》

《慢慢來》

《回去（向右轉圈）》

《臥倒》

《快跑》

《靠過來》

《射擊開始》

《停止射擊》

《取消前令》

《發現敵蹤》

《視野內無敵蹤》

《上刺刀》

《有敵人，或疑似有敵人》

隊形信號

《橫隊》

《菱形》

《縱隊》

《一列橫隊》

《傘型》

共產軍的
兵器&軍裝

輕兵器

北韓軍與中國軍在韓戰時配備的輕兵器是以蘇聯製為主，另有日本製與美國製品。
除此之外，中國軍還會使用以前國民黨政府生產的兵器。

日本製輕兵器

第二次世界大戰結束前自日軍擄獲，或大戰結束後解除日軍武裝之際的接收品。

美國製輕兵器

主要取得途徑為擄獲、接收美國提供給中華民國國民革命軍（以下稱國民黨軍）使用的兵器。除此之外，二次大戰期間美國也有提供兵器給蘇聯，戰後則由蘇聯轉交給中共與北韓。韓戰爆發後，在戰場上也會擄獲一些美製兵器。

《八九式重擲彈筒》
《九七式手榴彈》
《十四年式手槍》
《九四式手槍》
《三八式步槍》
《九六式輕機槍》
《九九式步槍》
《九九式輕機槍》
《三年式重機槍》
《九二式重機槍》

《M1步槍》
《M1衝鋒槍》
《M3衝鋒槍》
《M1卡賓槍》
《M1918A2自動步槍》
《M2 60mm迫擊砲》
《柯特M1911A1》
《M1917A1機槍》
《M1919A4機槍》
《M1919A6機槍》

《托卡列夫TT-1930／33》

蘇聯於1933年制式採用的TT-1930的改良型。主要供軍官與裝甲車輛乘員護身用。

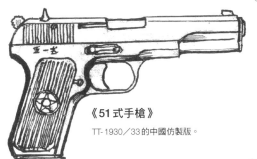

〔諸元〕
口徑：7.62mm
彈藥：7.62×25mm（托卡列夫彈）
裝彈數：盒形彈匣8發
作動方式：半自動
全長：196mm
槍管長：115mm
重量：815g

《51式手槍》

TT-1930／33的中國仿製版。

TT-1930手槍以沒有保險裝置而出名。改良型的TT-1930／33為了方便更換零件，以盡量精簡零件的方式重新設計。

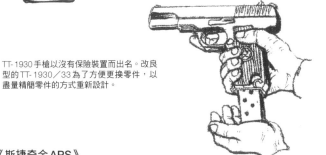

〔托卡列夫TT-1930／33用槍套〕
茶色皮革製品。槍套正面口袋可裝1個備用彈匣，附通槍條。

《斯捷奇金APS》

1951年採用，供蘇軍戰車乘員護身用的自動手槍。由於它能全自動射擊，因此附有可拆式的槍托兼槍套。

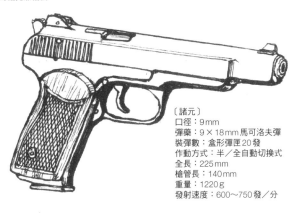

〔諸元〕
口徑：9mm
彈藥：9×18mm馬可洛夫彈
裝彈數：盒形彈匣20發
作動方式：半／全自動切換式
全長：225mm
槍管長：140mm
重量：1220g
發射速度：600～750發／分

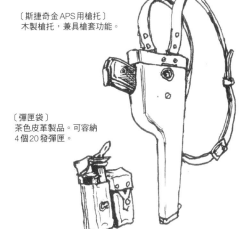

〔斯捷奇金APS用槍托〕
木製槍托，兼具槍套功能。

〔彈匣袋〕
茶色皮革製品。可容納4個20發彈匣。

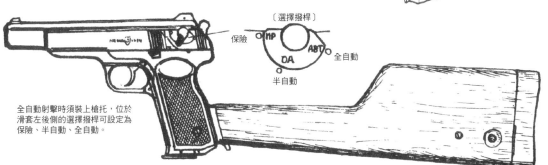

〔選擇撥桿〕
保險　ОП　ПР
ОД
　　　　АВТ　全自動
半自動

全自動射擊時須裝上槍托，位於滑套左後側的選擇撥桿可設定為保險、半自動、全自動。

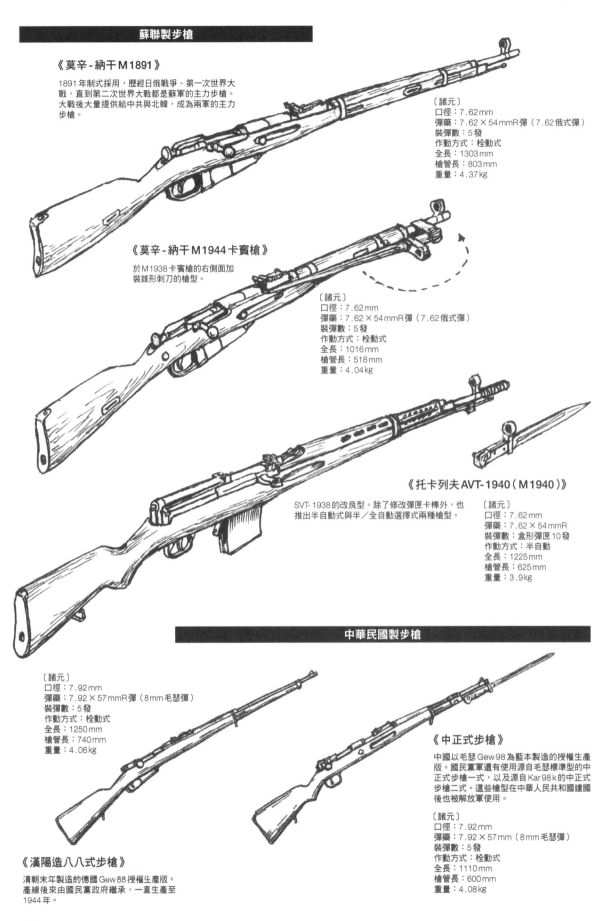

蘇聯製步槍

《莫辛-納干M1891》

1891年制式採用,歷經日俄戰爭、第一次世界大戰,直到第二次世界大戰都是蘇軍的主力步槍。大戰後大量提供給中共與北韓,成為兩軍的主力步槍。

〔諸元〕
口徑:7.62mm
彈藥:7.62×54mmR彈(7.62俄式彈)
裝彈數:5發
作動方式:栓動式
全長:1303mm
槍管長:803mm
重量:4.37kg

《莫辛-納干M1944卡賓槍》

於M1938卡賓槍的右側面加裝錐形刺刀的槍型。

〔諸元〕
口徑:7.62mm
彈藥:7.62×54mmR彈(7.62俄式彈)
裝彈數:5發
作動方式:栓動式
全長:1016mm
槍管長:518mm
重量:4.04kg

《托卡列夫AVT-1940(M1940)》

SVT-1938的改良型。除了修改彈匣卡榫外,也推出半自動式與半/全自動選擇式兩種槍型。

〔諸元〕
口徑:7.62mm
彈藥:7.62×54mmR
裝彈數:盒形彈匣10發
作動方式:半自動
全長:1225mm
槍管長:625mm
重量:3.9kg

中華民國製步槍

〔諸元〕
口徑:7.92mm
彈藥:7.92×57mmR彈(8mm毛瑟彈)
裝彈數:5發
作動方式:栓動式
全長:1250mm
槍管長:740mm
重量:4.06kg

《漢陽造八八式步槍》

清朝末年製造的德國Gew88授權生產版。產線後來由國民黨政府繼承,一直生產至1944年。

《中正式步槍》

中國以毛瑟Gew98為藍本製造的授權生產版。國民黨軍還有使用源自毛瑟標準型的中正式步槍一式,以及源自Kar98k的中正式步槍二式。這些槍型在中華人民共和國建國後也被解放軍使用。

〔諸元〕
口徑:7.92mm
彈藥:7.92×57mm(8mm毛瑟彈)
裝彈數:5發
作動方式:栓動式
全長:1110mm
槍管長:600mm
重量:4.08kg

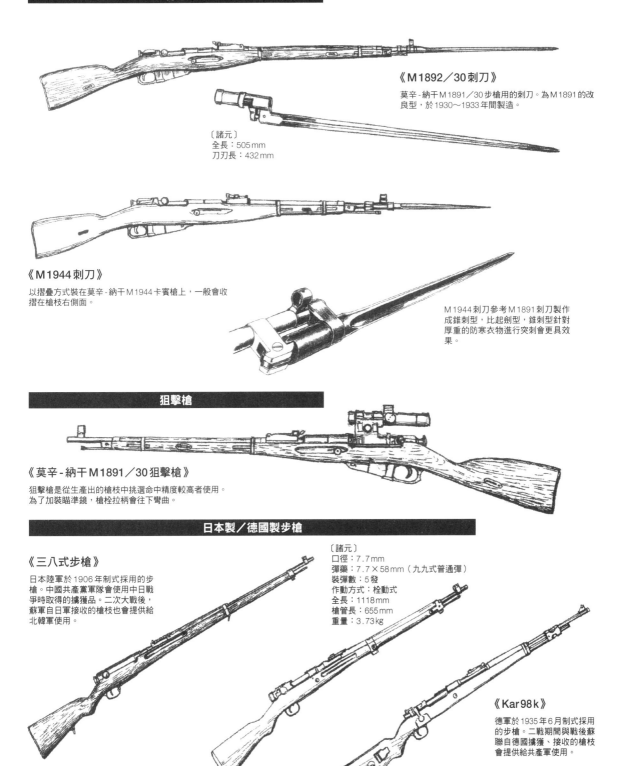

刺刀

《M1892／30刺刀》

莫辛-納干M1891/30步槍用的刺刀。為M1891的改良型，於1930～1933年間製造。

〔諸元〕
全長：505mm
刀刃長：432mm

《M1944刺刀》

以摺疊方式裝在莫辛-納干M1944卡賓槍上，一般會收摺在槍枝右側面。

M1944刺刀參考M1891刺刀製作成錐刺型，比起劍型，錐刺型針對厚重的防寒衣物進行突刺會更具效果。

狙擊槍

《莫辛-納干M1891／30狙擊槍》

狙擊槍是從生產出的槍枝中挑選命中精度較高者使用。
為了加裝瞄準鏡，槍栓拉柄會往下彎曲。

日本製／德國製步槍

《三八式步槍》

日本陸軍於1906年制式採用的步槍。中國共產黨軍隊會使用中日戰爭時取得的擄獲品。二次大戰後，蘇軍自日軍接收的槍枝也會提供給北韓軍使用。

〔諸元〕
口徑：6.5mm
彈藥：6.5×50mmSR（三八式子彈）
裝彈數：5發
作動方式：栓動式
全長：1275mm
槍管長：792mm
重量：3.9kg

《九九式短步槍》

九九式步槍的短槍管改良型。自1941年開始生產。與三八式步槍以同樣途徑流入共產軍手中使用。

〔諸元〕
口徑：7.7mm
彈藥：7.7×58mm（九九式普通彈）
裝彈數：5發
作動方式：栓動式
全長：1118mm
槍管長：655mm
重量：3.73kg

《Kar98k》

德軍於1935年6月制式採用的步槍。二戰期間與戰後蘇聯自德國擄獲、接收的槍枝會提供給共產軍使用。

〔諸元〕
口徑：7.92mm
彈藥：7.92×57mm
作動方式：栓動式
裝彈數：5發
全長：1110mm
槍管長：600mm
重量：4.85kg

《PPSh-41》

二次世界大戰時期蘇軍的代表性衝鋒槍。本型槍由格奧爾基·什帕金於1940年設計，1941年為蘇軍制式採用。製造工序多使用沖壓與電銲，構造設計易於分解、組裝。

〔諸元〕
口徑：7.62mm
彈藥：7.62×25mm托卡列夫彈
裝彈數：盒形彈匣35發，彈鼓71發
作動方式：半／全自動切換式
全長：840mm
槍管長：270mm
重量：3.63kg
發射速度：700發／分

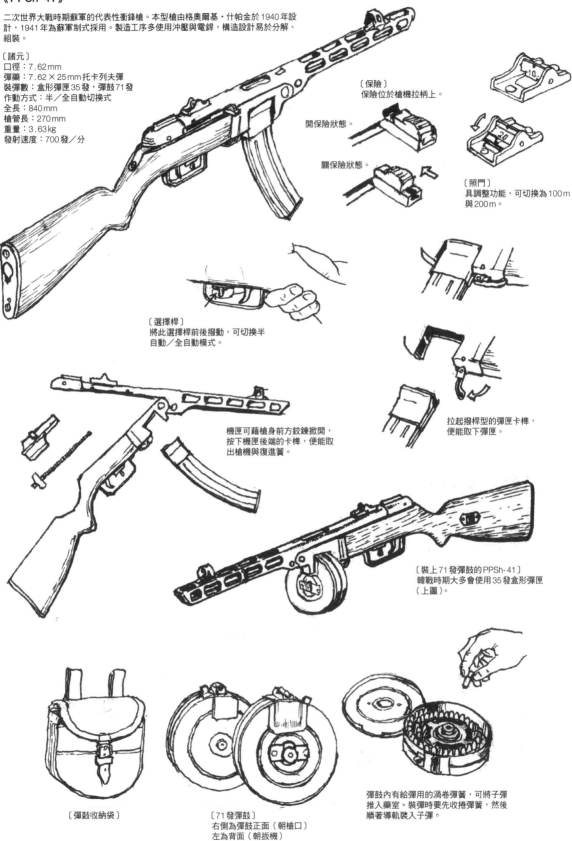

〔保險〕
保險位於槍機拉柄上。

開保險狀態。

關保險狀態。

〔照門〕
具調整功能，可切換為100m
與200m。

〔選擇桿〕
將此選擇桿前後撥動，可切換半
自動／全自動模式。

機匣可藉槍身前方鉸鍊掀開，
按下機匣後端的卡榫，便能取
出槍機與復進簧。

拉起撥桿型的彈匣卡榫，
便能取下彈匣。

〔裝上71發彈鼓的PPSh-41〕
韓戰時期大多會使用35發盒形彈匣
（上圖）。

〔彈鼓收納袋〕

〔71發彈鼓〕
右側為彈鼓正面（朝槍口）
左為背面（朝扳機）

彈鼓內有給彈用的渦卷彈簧，可將子彈
推入藥室。裝彈時要先收捲彈簧，然後
順著導軌裝入子彈。

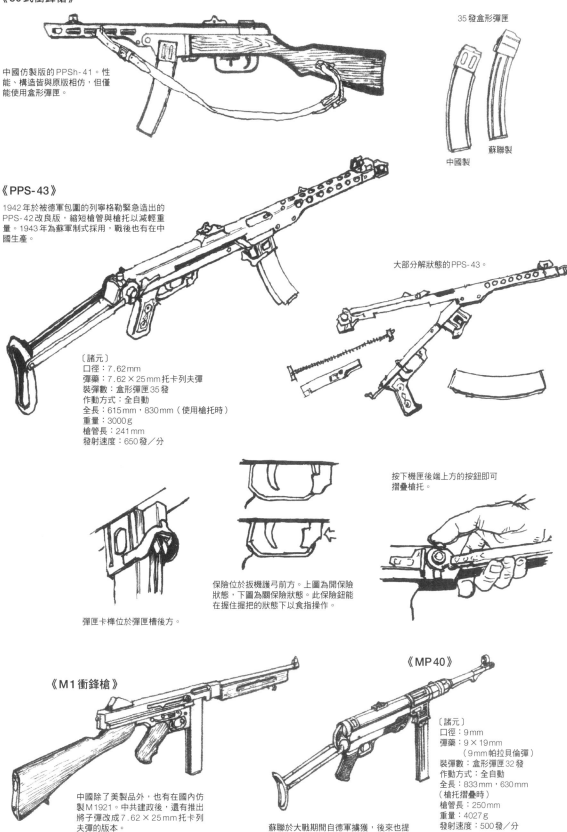

《50式衝鋒槍》

中國仿製版的PPSh-41。性
能、構造皆與原版相仿，但僅
能使用盒形彈匣。

35 發盒形彈匣

中國製

蘇聯製

《PPS-43》

1942年於被德軍包圍的列寧格勒緊急造出的
PPS-42改良版，縮短槍管與槍托以減輕重
量。1943年為蘇軍制式採用，戰後也有在中
國生產。

大部分解狀態的PPS-43。

〔諸元〕
口徑：7.62mm
彈藥：7.62×25mm托卡列夫彈
裝彈數：盒形彈匣35發
作動方式：全自動
全長：615mm，830mm（使用槍托時）
重量：3000g
槍管長：241mm
發射速度：650發／分

按下機匣後端上方的按鈕即可
摺疊槍托。

保險位於扳機護弓前方。上圖為開保險
狀態，下圖為關保險狀態。此保險鈕能
在握住握把的狀態下以食指操作。

彈匣卡榫位於彈匣槽後方。

《M1衝鋒槍》

中國除了美製品外，也有在國內仿
製M1921。中共建政後，還有推出
將子彈改成7.62×25mm托卡列
夫彈的版本。

《MP40》

蘇聯於大戰期間自德軍擄獲，後來也提
供給共產軍使用。

〔諸元〕
口徑：9mm
彈藥：9×19mm
（9mm帕拉貝倫彈）
裝彈數：盒形彈匣32發
作動方式：全自動
全長：833mm，630mm
（槍托摺疊時）
槍管長：250mm
重量：4027g
發射速度：500發／分

《DP-1928輕機槍（捷格加廖夫輕機槍）》

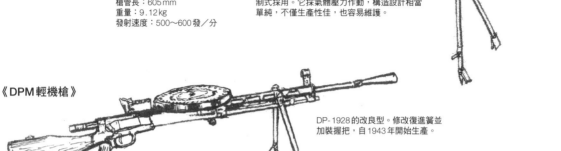

〔諸元〕
口徑：7.62mm
彈藥：7.62×54mmR
裝彈數：彈盤47發
作動方式：全自動
全長：1270mm
槍管長：605mm
重量：9.12kg
發射速度：500～600發／分

捷格加廖夫技師於1927年開始研製，1928年
制式採用。它採氣體壓力作動，構造設計相當
單純，不僅生產性佳，也容易維護。

《DPM輕機槍》

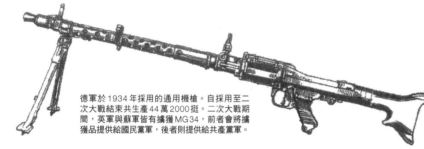

DP-1928的改良型。修改復進簧並
加裝握把，自1943年開始生產。

《ZB26》

〔諸元〕
口徑：7.92mm
彈藥：7.92×57mm（8mm毛瑟彈）
裝彈數：盒形彈匣20發
作動方式：全自動
全長：1165mm
槍管長：600mm
重量：9.65kg
發射速度：550發／分

捷克斯洛伐克的布爾諾兵工廠於
1924年研製的輕機槍。中國在
1930年代也有授權生產。

《MG34》

德軍於1934年採用的通用機槍。自採用至二
次大戰結束共生產44萬2000挺。二次大戰期
間，英軍與蘇軍皆會擄獲MG34，前者會將擄
獲品提供給國民黨軍，後者則提供給共產黨軍。

〔諸元〕
口徑：7.92mm
彈藥：7.92×57mm（8mm毛瑟彈）
裝彈數：彈鍊給彈50發以上，彈鼓給
彈50發、75發
作動方式：半／全自動切換式
全長：1219mm
槍管長：627mm
重量：12.1kg
發射速度：800～900發／分

《九九式輕機槍》

與九九式步槍同樣使用九九式子彈的
輕機槍，1939年採用。外觀與構造和
九六式無異，但口徑增至7.7mm，威
力有變強。

《九二式重機槍》

以三年式為基礎研製而成，改採7.7mm子彈以增
強威力。散熱筒等外觀設計特徵與三年式十分類
似。

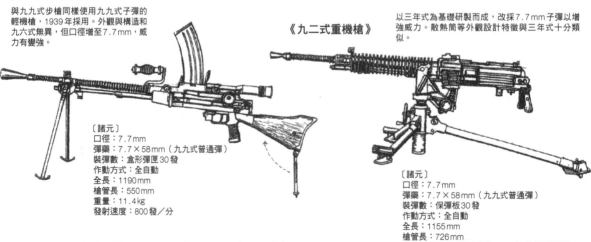

〔諸元〕
口徑：7.7mm
彈藥：7.7×58mm（九九式普通彈）
裝彈數：盒形彈匣30發
作動方式：全自動
全長：1190mm
槍管長：550mm
重量：11.4kg
發射速度：800發／分

〔諸元〕
口徑：7.7mm
彈藥：7.7×58mm（九九式普通彈）
裝彈數：保彈板30發
作動方式：全自動
全長：1155mm
槍管長：726mm
重量：27.6kg（槍本體），55.3kg（含三腳架）
發射速度：450發／分

《M1910重機槍》

後期型的小改款。特徵是液冷套筒上方
加裝大型冷卻水注入口。

〔諸元〕
口徑：7.62mm
槍管長：720mm
彈藥：7.62×54mmR
裝彈數：布彈帶給彈250發
全長：1100mm
重量：64.3kg（含輪架）
發射速度：550發／分

〔彈藥箱〕
可容納250發布彈帶。

《三十節式重機槍》

M1917機槍的中華民國時代授權生產型，改良成彈藥使用
7.92×57mm毛瑟彈。

《二四式重機槍》

中國將德國的MG08進行改良，並且
授權生產的液冷式重機槍。1935年
制式化。

〔諸元〕
口徑：7.92mm
槍管長：721.22mm
彈藥：7.92×57mm（8mm毛瑟彈）
裝彈數：布彈帶給彈250發
全長：1197mm
重量：49kg（含槍架）
發射速度：770～870發／分

《SG-43重機槍》

MP1910重機槍的後繼型氣冷式重機槍。
1943年由戈留諾夫研製而成。裝在M1943
輪架上使用。

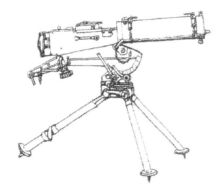

〔諸元〕
口徑：7.62mm
彈藥：7.62×54mmR彈
裝彈數：彈鍊給彈250發
作動方式：全自動
全長：1120mm
槍管長：720mm
重量：36.6kg（含輪架）
發射速度：600～700發／分

《SGM重機槍》

SG-43的改良型。基本構造與SG-43
幾乎相同，但為了提高槍管冷卻效
果，會加上散熱溝槽。

〔諸元〕
口徑：7.62mm
彈藥：7.62×54mmR彈
裝彈數：彈鍊給彈250發
作動方式：全自動
全長：1150mm
槍管長：508mm
重量：13.8kg（槍本體），
　　　40.7kg（含輪架）
發射速度：500～700發／分

改良自1930年研製的DK重機槍，於1938年採用。
改良之際，由狄格帖諾夫與什帕金進行重新設計。
它除了裝在輪架上供步兵部隊使用外，也會裝在戰
車上當作防空機槍。

《DShK38重機槍》

〔諸元〕
口徑：12.7mm
彈藥：12.7×108mm
裝彈數：彈鍊給彈50發
作動方式：氣動式
全長：1625mm
槍管長：1000mm
重量：34kg（槍本體），157kg（含輪架）
發射速度：550～600發／分

輪架不僅可以用於對地射擊，卸下輪子
還能當作防空射擊的三腳架使用。

《RG-33手榴彈》

人員殺傷用柄式手榴彈。取代 RG 1914／30，於1933年開始生產。為了能兼攻擊、防禦使用，彈頭部分裝有可拆卸的破片套。

全長：190mm
直徑：45mm，54mm（裝上破片套時）
重量：500 g，750 g（裝上破片套時）
炸藥：TNT 85 g

《F1手榴彈》

以法軍的F1手榴彈為藍本，由蘇聯於1941年開始製造的破片型手榴彈。有效殺傷半徑為20～30 m。

〔諸元〕
全長：117mm
直徑：55mm
重量：600 g
炸藥：TNT 60 g

《F1的內部構造》

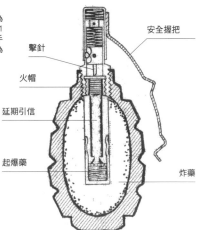

安全握把
擊針
火帽
延期引信
起爆藥
炸藥

《RKG-3反戰車手榴彈》

蘇軍於1950年採用，是當時最新型的反戰車手榴彈。威力可貫穿220mm厚的軋製均質裝甲（RHA）。

〔諸元〕
全長：362mm
直徑：70mm
重量：1.07 kg
炸藥：TNT／RDX 567 g

《RPG-43反戰車手榴彈》

1943年採用。其錐形裝藥彈頭可破壞中戰車、重戰車的裝甲，最大能貫穿75mm厚的裝甲板。

〔諸元〕
全長：95mm
直徑：300mm
重量：1.2 kg
炸藥：TNT 610 g

《RG-42手榴彈》

〔諸元〕
全長：130mm
直徑：55mm
重量：420 g
炸藥：TNT 200 g

RG-33的後繼型，於二次大戰期間1942年制式化的攻擊型手榴彈。引信採用與F1相同的UZGRM引信。

《RG-1914／30（M1914／30）手榴彈》

〔諸元〕
全長：235mm
直徑：45mm
重量：590 g
炸藥：TNT 320 g

改良自第一次世界大戰使用的RG-14攻擊型手榴彈。炸藥從苦味酸換成TNT，另有防禦用的破片套。

《木柄手榴彈》

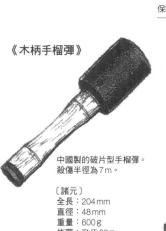

中國製的破片型手榴彈。殺傷半徑為7m。

〔諸元〕
全長：204mm
直徑：48mm
重量：600 g
炸藥：TNT 38 g

《木柄手榴彈的內部構造》

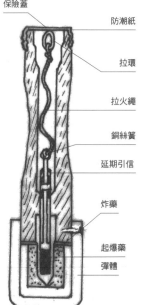

保險蓋
防潮紙
拉環
拉火繩
銅絲簧
延期引信
炸藥
起爆藥
彈體

《木柄手榴彈的投擲方法》

①打開保險蓋，戳破防潮紙。

②取出拉火繩。

③右手小指勾住拉環。

④朝向目標投擲。

木柄手榴彈的投彈動作

《立姿徒手原地投彈動作》

《徒手行進間投彈動作》

《持槍原地投彈動作》

《持槍行進間投彈動作》

《跪姿投彈動作》

《臥姿投彈動作》

《壕溝內投彈動作》

在壕溝內動作會受到限制，因此身體要往後仰，讓握
住手榴彈的右手可以往後擺，再朝目標投擲。

《木柄手榴彈的握法》

①先以食指根
部握住木柄中
央。

②把大拇指放
到食指上，穩
穩握住。

135

火砲

迫擊砲

《RM-38（M1938）50mm輕迫擊砲》

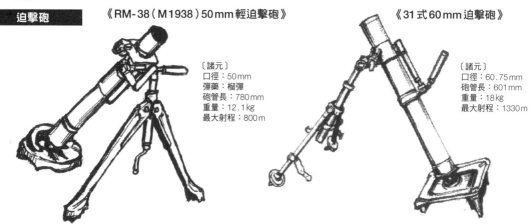

〔諸元〕
口徑：50mm
彈藥：榴彈
砲管長：780mm
重量：12.1kg
最大射程：800m

1938年蘇軍採用的連級迫擊砲。有RM-39與RM-40兩種，韓戰時期共產軍皆有使用。

《31式60mm迫擊砲》

〔諸元〕
口徑：60.75mm
砲管長：601mm
重量：18kg
最大射程：1330m

自二次大戰前至大戰時期由中國生產的迫擊砲。參考美製M2 60mm迫擊砲研製而成。本型砲體積小、易攜行，多用於山地戰。

《BM-37（M1937）82mm迫擊砲》

〔諸元〕
口徑：82mm
彈藥：榴彈
砲管長：1220mm
重量：56kg
最大射程：3040m

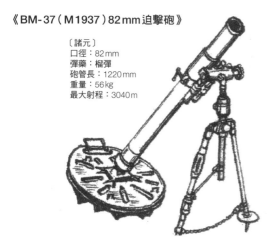

二次大戰時期蘇軍的主力中口徑迫擊砲。由於口徑為82mm，因此也能使用自敵擄獲的81mm迫擊砲彈。大戰後供應給共產國家，中國以53式迫擊砲為名授權生產。

《GVMP-38（M1938）107mm迫擊砲》

〔諸元〕
口徑：107mm
彈藥：重榴彈、輕榴彈
砲管長：1670mm
重量：170kg
最大射程：6300m

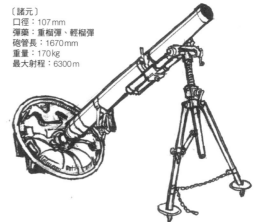

蘇軍為山岳部隊研製的重迫擊砲。由團級單位運用。

《BM-43（M1943）82mm迫擊砲》

〔諸元〕
口徑：82mm
彈藥：榴彈、煙幕彈
重量：275kg
最大射程：5700m

1943年改良BM-41迫擊砲砲架與輪子的版本。

每門BM-43迫擊砲需4名人員操作。由於它有附輪子，因此不用拆卸砲架與座鈑就能移動。

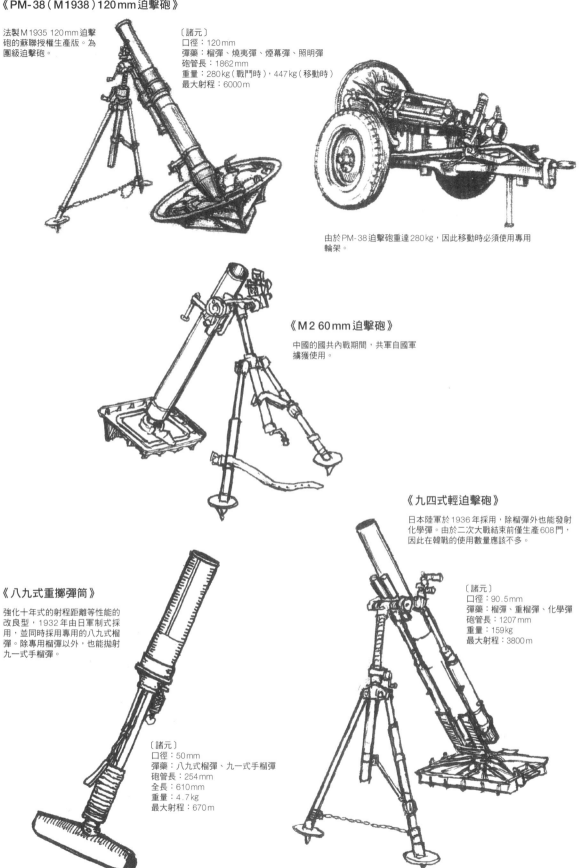

《PM-38（M1938）120mm迫擊砲》

法製M1935 120mm迫擊砲的蘇聯授權生產版。為團級迫擊砲。

〔諸元〕
口徑：120mm
彈藥：榴彈、燒夷彈、煙幕彈、照明彈
砲管長：1862mm
重量：280kg（戰鬥時），447kg（移動時）
最大射程：6000m

由於PM-38迫擊砲重達280kg，因此移動時必須使用專用輪架。

《M2 60mm迫擊砲》

中國的國共內戰期間，共軍自國軍擄獲使用。

《九四式輕迫擊砲》

日本陸軍於1936年採用，除榴彈外也能發射化學彈。由於二次大戰結束前僅生產608門，因此在韓戰的使用數量應該不多。

〔諸元〕
口徑：90.5mm
彈藥：榴彈、重榴彈、化學彈
砲管長：1207mm
重量：159kg
最大射程：3800m

《八九式重擲彈筒》

強化十年式的射程距離等性能的改良型，1932年由日軍制式採用，並同時採用專用的八九式榴彈。除專用榴彈以外，也能拋射九一式手榴彈。

〔諸元〕
口徑：50mm
彈藥：八九式榴彈、九一式手榴彈
砲管長：254mm
全長：610mm
重量：4.7kg
最大射程：670m

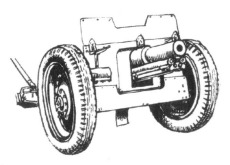

《M1927 76mm步兵砲》

為步兵提供火力支援，用以攻擊敵方陣地的蘇聯製步兵砲。北韓軍與中國軍會配賦步兵團的步兵連使用。

〔諸元〕
口徑：76.2mm
彈藥：76.2×167mmR彈（榴彈、成形裝藥彈）
砲管長：1250mm
重量：920kg
最大射程：4200m（榴彈）

〔諸元〕
口徑：76.2mm
彈藥：76.2×385mmR彈（榴彈、穿甲榴彈、榴霰彈、成形裝藥彈、燒夷彈、化學彈）
砲管長：2985mm
重量：1116kg（戰鬥時），1850kg（移動時）
最大射程：1萬3290m

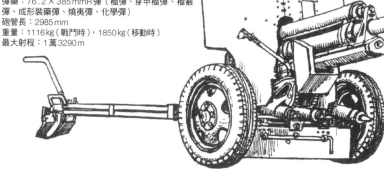

《ZiS-3（M1942）76mm野砲》

蘇軍於1942年採用，供師屬砲兵用的加農砲。本型野砲不僅能為步兵提供支援，也具備出色反戰車戰鬥能力。北韓軍會在師屬砲兵團編組2個砲兵營，配賦12門砲。韓戰期間，他們也會使用搭載ZiS-3的SU-76自走砲。

《M-30（M1938）122mm榴彈砲》

蘇軍為師屬砲兵研製的榴彈砲。韓戰爆發時，北韓軍在各師野砲團的榴彈砲營配賦12門。韓戰過後，中國以五四式122mm榴彈砲為名進行授權生產。

〔諸元〕
口徑：121.92mm
彈藥：122×284mmR彈（榴彈、反戰車榴彈、榴霰彈、化學彈、照明彈、煙幕彈）
砲管長：2670mm
重量：2450kg（戰鬥時），3100kg（移動時）
最大射程：1萬1800m

〔諸元〕
口徑：152.4mm
彈藥：152×547mmR彈（榴彈、穿甲彈、混凝土攻堅彈、榴霰彈、化學彈）
砲管長：4240mm
重量：7270kg（射擊時），7930kg（移動時）
最大射程：1萬7230m

《ML-20（M1937）152mm榴彈砲》

蘇軍於1937年採用的榴彈砲，特徵是裝有大型砲口制退器。移動用的輪子在早期型是使用金屬輻條輪，後來則改良為橡膠輪胎。配備於軍、軍團直屬砲兵團。

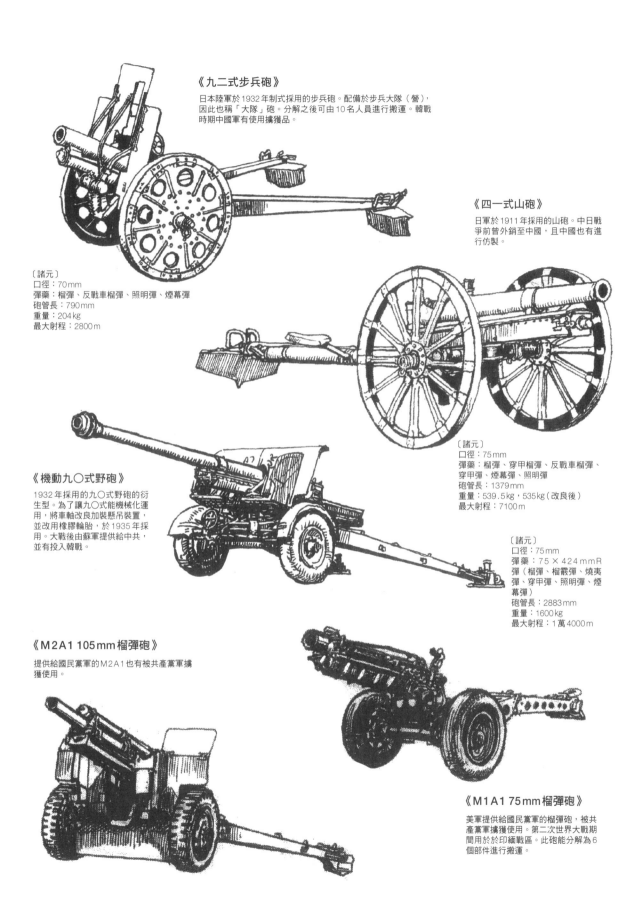

《九二式步兵砲》

日本陸軍於 1932 年制式採用的步兵砲。配備於步兵大隊（營），
因此也稱「大隊」砲。分解之後可由 10 名人員進行搬運。韓戰
時期中國軍有使用擄獲品。

《四一式山砲》

日軍於 1911 年採用的山砲。中日戰
爭前曾外銷至中國，且中國也有進
行仿製。

〔諸元〕
口徑：70mm
彈藥：榴彈、反戰車榴彈、照明彈、煙幕彈
砲管長：790mm
重量：204kg
最大射程：2800m

《機動九〇式野砲》

1932 年採用的九〇式野砲的衍
生型。為了讓九〇式能機械化運
用，將車軸改良加裝懸吊裝置，
並改用橡膠輪胎，於 1935 年採
用。大戰後由蘇軍提供給中共，
並有投入韓戰。

〔諸元〕
口徑：75mm
彈藥：榴彈、穿甲榴彈、反戰車榴彈、
穿甲彈、煙幕彈、照明彈
砲管長：1379mm
重量：539.5kg，535kg（改良後）
最大射程：7100m

〔諸元〕
口徑：75mm
彈藥：75×424mmR
彈（榴彈、榴霰彈、燒夷
彈、穿甲彈、照明彈、煙
幕彈）
砲管長：2883mm
重量：1600kg
最大射程：1萬 4000m

《M2A1 105mm 榴彈砲》

提供給國民黨軍的 M2A1 也有被共產黨軍擄
獲使用。

《M1A1 75mm 榴彈砲》

美軍提供給國民黨軍的榴彈砲，被共
產黨軍擄獲使用。第二次世界大戰期
間用於於印緬戰區。此砲能分解為 6
個部件進行搬運。

《ZPU-4防空機砲（機槍）》

《ZPU-2防空機砲（機槍）》

〔諸元〕
口徑：14.5mm
彈藥：14.5×114mm彈（燒夷穿甲彈、
燒夷穿甲曳光彈、燒夷曳光彈）
砲管長：1346mm
重量：639kg（戰鬥時），994kg（移動時）
最大射程：5000m（高射），
8000m（平射）

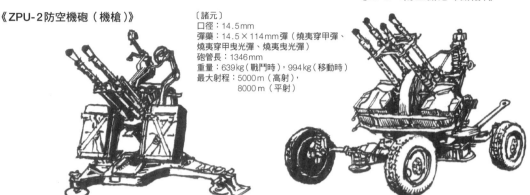

ZPU-2與ZPU-4皆為蘇軍於1949年採用的氣冷式防空機砲。它是把KPV重機槍裝在新設計的高射槍座上，雙管型稱ZPU-2，四管型稱ZPU-4。北韓軍與中國軍的防空部隊皆有配備，於韓戰首次參與實戰。

ZPU-2移動時須使用牽引拖車，ZPU-4則在牽引式槍架前後裝有輪子。射擊時會以千斤頂卸下槍座固定後開火，或直接以牽引狀態剎住車輪也能射擊。

《61-K（M1939）37mm防空機砲》

《M1938 76mm高射砲》

1938年採用，為M1931 76mm高射砲的近代化修改版。由於翌年又採用了52-K 85mm高射砲，因此生產數量頗少。中國軍以此砲配賦空軍防砲部隊使用。

〔諸元〕
口徑：37mm
彈藥：37×252mmSR彈
（曳光破片榴彈、穿甲曳光彈、高速穿甲彈、榴彈）
砲管長：1346mm
重量：2100kg
最大射程：5000m

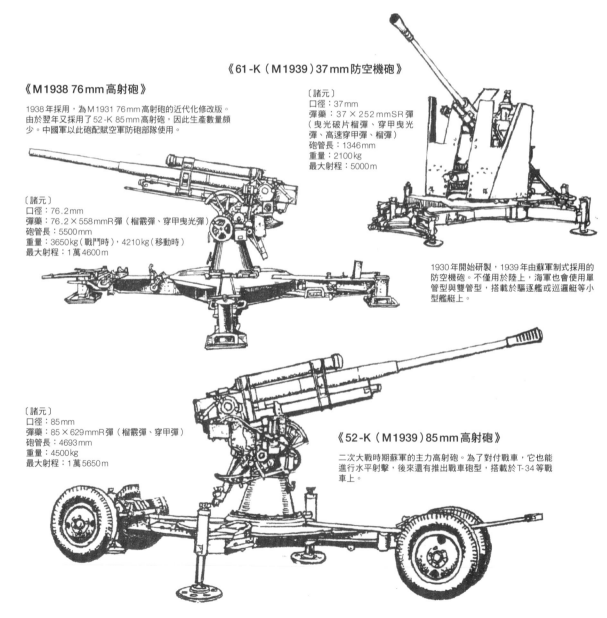

〔諸元〕
口徑：76.2mm
彈藥：76.2×558mmR彈（榴霰彈、穿甲曳光彈）
砲管長：5500mm
重量：3650kg（戰鬥時），4210kg（移動時）
最大射程：1萬4600m

1930年開始研製，1939年由蘇軍制式採用的防空機砲。不僅用於陸上，海軍也會使用單管型與雙管型，搭載於驅逐艦或巡邏艇等小型艦艇上。

〔諸元〕
口徑：85mm
彈藥：85×629mmR彈（榴霰彈、穿甲彈）
砲管長：4693mm
重量：4500kg
最大射程：1萬5650m

《52-K（M1939）85mm高射砲》

二次大戰時期蘇軍的主力高射砲。為了對付戰車，它也能進行水平射擊，後來還有推出戰車砲型，搭載於T-34等戰車上。

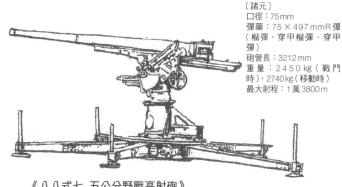

〔諸元〕
口徑：75mm
彈藥：75×497mmR彈
（榴彈、穿甲榴彈、穿甲彈）
砲管長：3212mm
重量：2450kg（戰鬥時），2740kg（移動時）
最大射程：1萬3800m

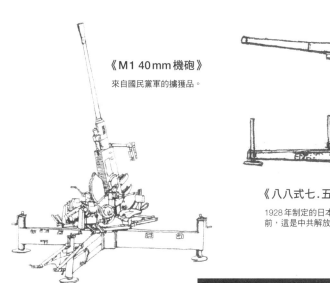

《M1 40mm機砲》
來自國民黨軍的擄獲品。

《八八式七.五公分野戰高射砲》
1928年制定的日本陸軍高射砲。二戰結束後，在取得蘇聯製高射砲之前，這是中共解放軍的主力高射砲。

反戰車武器／戰防砲

《PTRD1941戰防槍》
蘇軍研製的大口徑步槍，為步兵用反戰車武器。第二次世界大戰後半，由於戰車裝甲增厚，使得它愈來愈無法發揮反裝甲效用。韓戰時期，共產軍會用它來攻擊敵陣地與輕裝甲、非裝甲車輛。

〔諸元〕
口徑：14.5mm
彈藥：14.5×114mm彈
裝彈數：1發
作動方式：栓動式
全長：2020mm
槍管長：115mm
重量：15.75kg

〔諸元〕
口徑：45mm
彈藥：45×310mmR彈
（穿甲彈、榴彈、榴霰彈、煙幕彈）
砲管長：2070mm
重量：425kg
最大射程：4400m

《19-K（M1932）45mm戰防砲》
二次大戰前，蘇聯以授權生產的德國3.7cm PaK36為藍本，將口徑改為47mm後重新設計的反戰車砲。韓戰爆發時，北韓軍在步兵師或旅的反裝甲營（16門）和反裝甲連（4門）配備本型砲。

火箭砲

以暱稱「喀秋莎」打響名號的自走火箭砲。於ZiS-151等卡車上搭載1938年研製的M-13火箭用發射架。每條發射軌能裝2枚火箭彈，總共可以裝填16枚。中國軍派遣1個火箭砲兵師（由3個火箭砲兵團組成）。圖為斯圖貝克US6U3卡車搭載型的BM-13-16。

〔M-13火箭彈 諸元〕
彈體直徑：132mm
全長：1420mm
重量：42.5kg
最大射程：8500m

戰車與戰鬥車輛

北韓軍的主力戰車 T-34-85 是蘇聯為了對抗德軍的虎式、豹式戰車，在 T-34 上搭載 1943 年研製的 85mm 砲的火力強化型。北韓軍在蘇聯軍事援助下，於開戰前配賦了 240 輛。開戰時，各部隊配備的 T-34-85 共有 120 輛向韓國軍發動進攻。雖然開戰後蘇聯仍持續援助，但除了毀於地面戰鬥外，遭空襲破壞的車輛也不在少數，因此停戰時北韓軍手上擁有的數量已不如開戰當時。

〔諸元〕
全長：8.15m
底盤長：6.10m
全寬：3m
全高：2.72m
重量：32t
引擎：V型12汽缸液冷柴油引擎
裝甲厚：20～90mm
武裝：85mm D-5T戰車砲、S-53／ZiS-53戰車砲×1、DT機槍×2
乘員：5人

《T-34-85的內部構造》

❶外部油箱
❷通風柵門
❸鼓風機
❹砲彈倉
❺車長用展望塔
❻無線電
❼射手用潛望鏡
❽望遠式瞄準鏡
❾駕駛席
❿前部機槍架
⓫駕駛手用門蓋
⓬85mm DT-5戰車砲
⓭履帶張力調節器
⓮離合器
⓯空氣啟動器用鋼瓶
⓰氣壓泵
⓱剎車踏板
⓲油門踏板
⓳惰輪
⓴DT機槍
㉑通信手席
㉒懸吊彈簧
㉓油箱
㉔懸吊彈簧
㉕承載輪
㉖主動輪

《1943 年型》

U字型
吊掛鉤

《1944 年型》

標準型吊掛鉤

搭載85mm戰車砲的新型砲塔內部可容納車長、射手、裝填手3人。主砲原本預定使用ZiS-53戰車砲，但因研製延遲的關係，1944年1～3月量產早期製造的是搭載D-5T戰車砲的車型。

搭載S-53戰車砲，於1944年2月開始生產的量產型。

《鼓風機的變化》

至1944年型，會在砲塔頂面後方並排2具。

1945年型起改成砲塔前後各配置1具。

《乘員用展望塔／駕駛手門蓋》

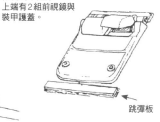

〔早期型的車長展望塔〕
展望塔門為前後開閉的兩片型。

《砲塔構型變化》

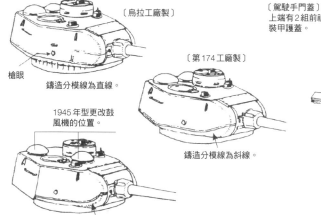

〔烏拉工廠製〕

槍眼

鑄造分模線為直線。

〔第174工廠製〕

1945年型更改鼓風機的位置。

鑄造分模線為斜線。

〔第112工廠製〕　鑄造分模線的前端為曲線。

〔駕駛手門蓋〕
上端有2組前視鏡與裝甲護蓋。

跳彈板

〔後期型的車長展望塔〕
展望塔門改成向前開啟的單片型。

〔MK-Ⅳ潛望鏡〕
英製Mk.4潛望鏡的仿製版。有些沒有護鈑。

《底盤後部》

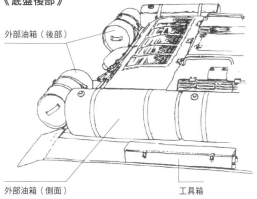

外部油箱（後部）

外部油箱（側面）

工具箱

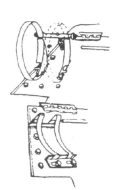

〔底盤側面油箱用托架〕
托架上的油箱固定捆帶以蝶型螺絲開閉。

〔底盤後部油箱用托架〕

除了T-34-85之外，北韓軍與中國軍也有自蘇聯取得重戰車與自走砲。1952年之後，據說這些車輛也有投入韓戰，但根據聯合國軍戰報與官兵證詞，目前尚無證據顯示它們曾經用於實戰。

《JS-2史達林重戰車》

為了對抗德軍的重戰車，於1943年開始研製的重戰車。韓戰時期，中國軍於1950年11月派遣配備取自蘇聯之JS-2的部隊。除此之外，北韓軍也於韓戰之後獲得供應。

〔諸元〕
全長：9.9m
底盤長：6.77m
全寬：3.09m
全高：2.73m
重量：46t
引擎：V-2 V型12汽缸液冷柴油引擎
裝甲厚：20～160mm
武裝：122mm D-25T戰車砲×1、DT機槍×2、DShk機槍×1
乘員：4人

《KV-85重戰車》

以KV-1重戰車的改良底盤加上配備85mm戰車砲的新型砲塔構成的重戰車。據說於韓戰期間與戰後經由中國提供給北韓軍。

〔諸元〕
全長：8.49m
底盤長：6.75m
全寬：3.32m
全高：2.53m
重量：46t
引擎：卡爾可夫V-2 V型12汽缸液冷柴油引擎
裝甲厚：20～100mm
武裝：85mm D-5T戰車砲×1、DT機槍×3
乘員：4人

《SU-100自走砲》

利用T-34底盤打造的反戰車自走砲。中國軍曾於韓戰後半期投入，但根據聯合國軍戰報，並無證據顯示與其有交戰事實。

〔諸元〕
全長：9.45m
全寬：3m
全高：2.25m
重量：31.6t
引擎：卡爾可夫V-2 V型12汽缸液冷柴油引擎
裝甲厚：20～75mm
武裝：100mm D-10S戰車砲×1
乘員：4人

《SU-122自走砲》

利用T-34底盤打造的自走榴彈砲。根據中方記錄，它曾參與韓戰，但聯合國軍資料並無記載。

〔諸元〕
全長：6.95m
全寬：3m
全高：2.32m
重量：30.9t
引擎：克里莫夫V-2 V型12汽缸液冷柴油引擎
裝甲厚：15～45mm
武裝：122mm M-30S榴彈砲×1
乘員：4人

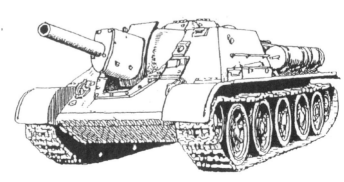

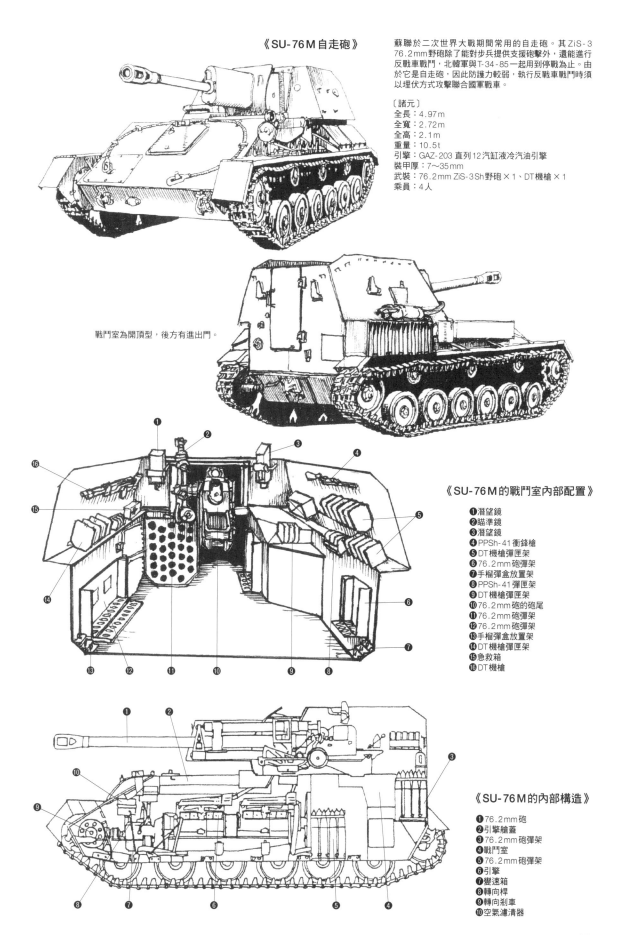

《SU-76M自走砲》

蘇聯於二次世界大戰期間常用的自走砲。其ZiS-3 76.2mm野砲除了能對步兵提供支援砲擊外，還能進行反戰車戰鬥，北韓軍與T-34-85一起到停戰為止。由於它是自走砲，因此防護力較弱，執行反戰車戰鬥時須以埋伏方式攻擊聯合國軍戰車。

〔諸元〕
全長：4.97m
全寬：2.72m
全高：2.1m
重量：10.5t
引擎：GAZ-203 直列12汽缸液冷汽油引擎
裝甲厚：7～35mm
武裝：76.2mm ZiS-3Sh野砲×1、DT機槍×1
乘員：4人

戰鬥室為開頂型，後方有進出門。

《SU-76M的戰鬥室內部配置》

❶潛望鏡
❷瞄準鏡
❸潛望鏡
❹PPSh-41衝鋒槍
❺DT機槍彈匣架
❻76.2mm砲彈架
❼手榴彈盒放置架
❽PPSh-41彈匣架
❾DT機槍彈匣架
❿76.2mm砲的砲尾
⓫76.2mm砲彈架
⓬76.2mm砲彈架
⓭手榴彈盒放置架
⓮DT機槍彈匣架
⓯急救箱
⓰DT機槍

《SU-76M的內部構造》

❶76.2mm砲
❷引擎艙蓋
❸76.2mm砲彈架
❹戰鬥室
❺76.2mm砲彈架
❻引擎
❼變速箱
❽轉向桿
❾轉向刹車
❿空氣濾清器

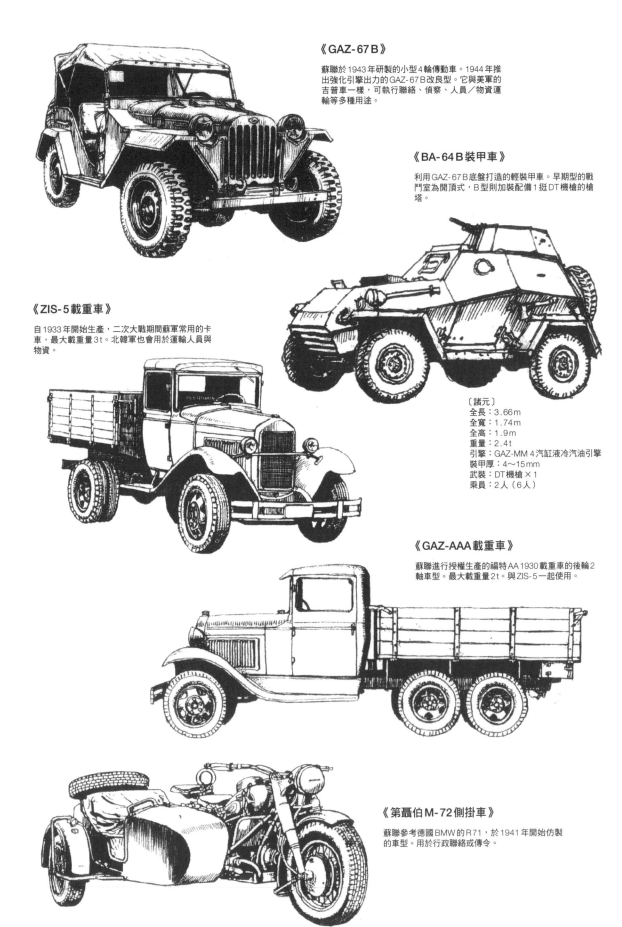

《GAZ-67B》

蘇聯於1943年研製的小型4輪傳動車。1944年推出強化引擎出力的GAZ-67B改良型。它與美軍的吉普車一樣,可執行聯絡、偵察、人員／物資運輸等多種用途。

《BA-64B裝甲車》

利用GAZ-67B底盤打造的輕裝甲車。早期型的戰鬥室為開頂式,B型則加裝配備1挺DT機槍的槍塔。

《ZIS-5載重車》

自1933年開始生產,二次大戰期間蘇軍常用的卡車,最大載重量3t。北韓軍也會用於運輸人員與物資。

〔諸元〕
全長:3.66m
全寬:1.74m
全高:1.9m
重量:2.4t
引擎:GAZ-MM 4汽缸液冷汽油引擎
裝甲厚:4～15mm
武裝:DT機槍×1
乘員:2人(6人)

《GAZ-AAA載重車》

蘇聯進行授權生產的福特AA 1930載重車的後輪2軸車型。最大載重量2t。與ZIS-5一起使用。

《第聶伯M-72側掛車》

蘇聯參考德國BMW的R71,於1941年開始仿製的車型。用於行政聯絡或傳令。

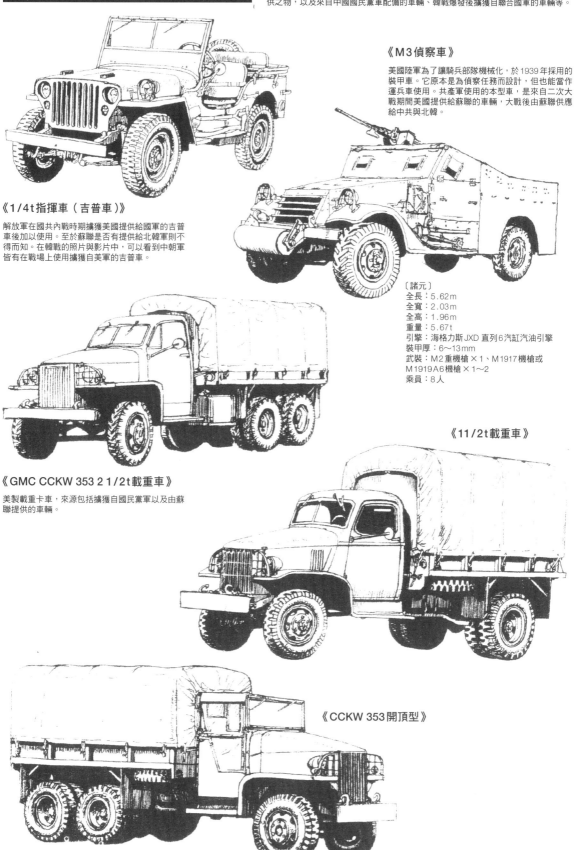

美製車輛

共產軍使用的美製車輛，來源包括二次大戰期間由美國提供給蘇聯，蘇聯再於戰後提供之物，以及來自中國國民黨軍配備的車輛、韓戰爆發後擄獲自聯合國軍的車輛等。

《M3偵察車》

美國陸軍為了讓騎兵部隊機械化，於1939年採用的裝甲車。它原本是為偵察任務而設計，但也能當作運兵車使用。共產軍使用的本型車，是來自二次大戰期間美國提供給蘇聯的車輛，大戰後由蘇聯供應給中共與北韓。

〔諸元〕
全長：5.62m
全寬：2.03m
全高：1.96m
重量：5.67t
引擎：海格力斯 JXD 直列6汽缸汽油引擎
裝甲厚：6～13mm
武裝：M2重機槍×1、M1917機槍或
M1919A6機槍×1～2
乘員：8人

《1/4t指揮車（吉普車）》

解放軍在國共內戰時期擄獲美國提供給國軍的吉普車後加以使用。至於蘇聯是否有提供給北韓軍則不得而知。在韓戰的照片與影片中，可以看到中朝軍皆有在戰場上使用擄獲自美軍的吉普車。

《11/2t載重車》

《GMC CCKW 353 2 1/2t載重車》

美製載重卡車，來源包括擄獲自國民黨軍以及由蘇聯提供的車輛。

《CCKW 353 開頂型》

共產軍的軍裝

朝鮮人民軍（以下稱北韓軍）成立於1948年2月8日，韓戰開戰時的兵力以8個步兵師、1個戰車旅、1個獨立戰車團作為骨幹，加上其他部隊共有19萬8000人。其軍裝使用蘇軍援助品與自製品，自製制服在設計上仍反映濃厚的蘇軍色彩。

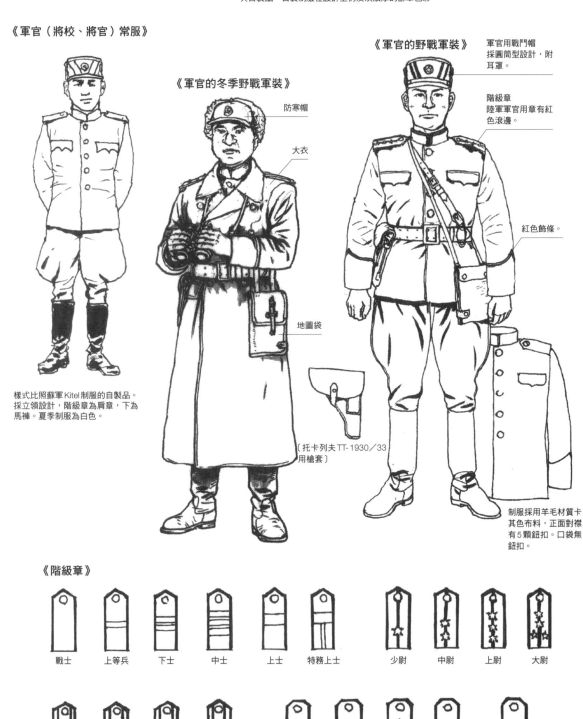

《軍官（將校、將官）常服》

《軍官的冬季野戰軍裝》

《軍官的野戰軍裝》

軍官用戰鬥帽採圓筒型設計，附耳罩。

防寒帽

大衣

階級章
陸軍軍官用章有紅色滾邊。

紅色飾條。

地圖袋

樣式比照蘇軍Kitel制服的自製品。採立領設計，階級章為肩章，下為馬褲。夏季制服為白色。

〔托卡列夫TT-1930／33用槍套〕

制服採用羊毛材質卡其色布料，正面對襟有5顆鈕扣。口袋無鈕扣。

《階級章》

戰士　上等兵　下士　中士　上士　特務上士　少尉　中尉　上尉　大尉

少校　中校　上校　大校　少將　中將　上將　大將　元帥

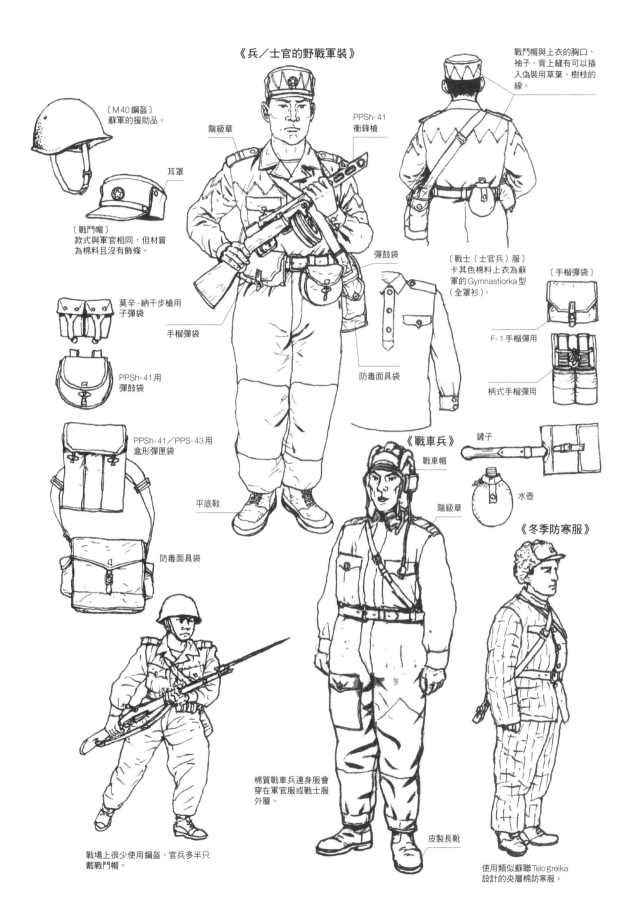

《兵／士官的野戰軍裝》

戰鬥帽與上衣的胸口、袖子、背上縫有可以插入偽裝用草葉、樹枝的線。

〔M40鋼盔〕
蘇軍的援助品。

階級章

PPSh-41
衝鋒槍

耳罩

〔戰鬥帽〕
款式與軍官相同，但材質為棉料且沒有飾條。

彈鼓袋

〔戰士（士官兵）服〕
卡其色棉料上衣為蘇軍的Gymnastiorka型（全罩衫）。

〔手榴彈袋〕

莫辛-納干步槍用子彈袋

手榴彈袋

F-1手榴彈用

柄式手榴彈用

PPSh-41用
彈鼓袋

防毒面具袋

《戰車兵》

鏟子

PPSh-41／PPS-43用
盒形彈匣袋

戰車帽

水壺

階級章

《冬季防寒服》

平底鞋

防毒面具袋

棉質戰車兵連身服會穿在軍官服或戰士服外層。

皮製長靴

戰場上很少使用鋼盔，官兵多半只戴戰鬥帽。

使用類似蘇聯Telo greika設計的夾層棉防寒服。

為援助北韓軍而派兵的人民解放軍（以下稱中國軍）在名義上是志願軍，因此也稱中國人民志願軍（抗美援朝志願軍）。該部隊介入韓戰時便派出100萬人規模（戰鬥部隊約20萬人）的兵力，1953年7月停戰時總數更是達到120萬人之譜。中國軍的軍服基本上是沿用自中日戰爭八路軍時代的人民服樣式，韓戰之際使用1948～1952年制定的夏冬軍服。

《人民解放軍幹部》

人民解放軍使用的帽徽與胸章。派至朝鮮的部隊因為對外宣稱是志願軍，因此不會使用。

〔50式帽徽〕

中國
人民解放軍

〔50式胸章〕

《彭德懷》（1898年10月24日～1974年11月29日）

1928年加入共產黨。中日戰爭期間為八路軍副總司令。二次大戰後擔任中央軍事委員會副主席兼人民解放軍總參謀長。中國介入韓戰之際，被任命為中國人民志願軍司令員，負責指揮中國、北韓軍。

《制式軍服》

人民服型的制服為1950年制定的幹部用50式軍服。此為常服兼戰鬥服，使用同款制服將鈕扣改為金色則構成禮服。帽子為1951年制定的解放帽。

〔48年式軍服幹部服〕　　〔48年式戰士服〕　　　〔52年式戰士服〕

《柄式手榴彈袋》

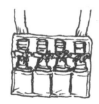

《輕機槍用胸掛彈匣袋》

可攜行ZB或BAR等槍的20發彈匣。

《衝鋒槍用胸掛彈匣袋》

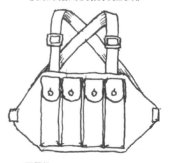

可攜行PPSh-41、PPS-43、M1、M3等槍的彈匣。

《野戰軍裝的志願軍士兵》

服裝為 52 年式夏季戰士服。配賦 PPSh-41 或中國製的 50 式衝鋒槍。

中國 人民志願軍

人民志願軍使用的胸章

胸掛彈匣袋

平底鞋

《幹部的野戰軍裝》

幹部配賦護身用自動手槍，型式為托卡列夫 TT-1930／33 或同型中國版 51 式手槍。

槍套

自動手槍用彈匣袋

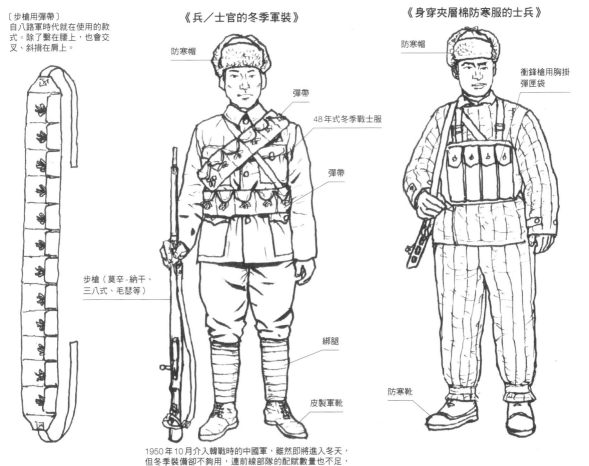

〔步槍用彈帶〕
自八路軍時代就在使用的款式。除了繫在腰上，也會交叉、斜揹在肩上。

《兵／士官的冬季軍裝》

防寒帽

彈帶

48 年式冬季戰士服

彈帶

步槍（莫辛 - 納干、三八式、毛瑟等）

綁腿

皮製軍靴

《身穿夾層棉防寒服的士兵》

防寒帽

衝鋒槍用胸掛彈匣袋

防寒靴

1950 年 10 月介入韓戰時的中國軍，雖然即將進入冬天，但冬季裝備卻不夠用，連前線部隊的配賦數量也不足，因此造成許多官兵凍傷、凍斃。

中國軍事教範

《立正》

手指自然下垂，中指緊貼褲縫。兩腳跟併攏，腳尖分開一個腳掌寬。

《正步行進》 《快步行進》

頭正頸直口閉，視線保持水平。

兩手輕握拳。

《跑步》

《立正（攜槍時）》

〔步槍〕 〔衝鋒槍（肩槍）〕

《托槍》

《肩槍》

《掛槍》

〔衝鋒槍〕

《背槍》

〔衝鋒槍〕

《背槍》

〔步槍〕

《臥倒》

攜槍時採臥射姿勢，注視前方。

《起立》

站起身來，恢復立正姿勢。

《匍匐前進》

交互伸出兩肘向前進。

《側身匍匐前進》

撐起上半身匍匐前進。

《立正》

《（槍靠右肩）坐下》

攜帶背包時，會依「放背包」口令放下背包，然後坐上去。

《（槍靠右肩）蹲下》

時間長可換腳。

《行軍著裝》

〔全副武裝〕

著上裝具、水壺、背包、手榴彈袋。

先著裝備，再揹彈帶、背包，最後拿起武器。

背包上掛著米袋，中間插入鞋子與圓鍬。

〔緊急時的裝具〕

不揹背包，僅披上米袋和雨具，然後加上裝具。

《敵前行動》

〔滾進〕
避開敵人監視與射擊，朝左右移動。

〔屈身前進〕
注視敵方，快步前進，就突擊位置。

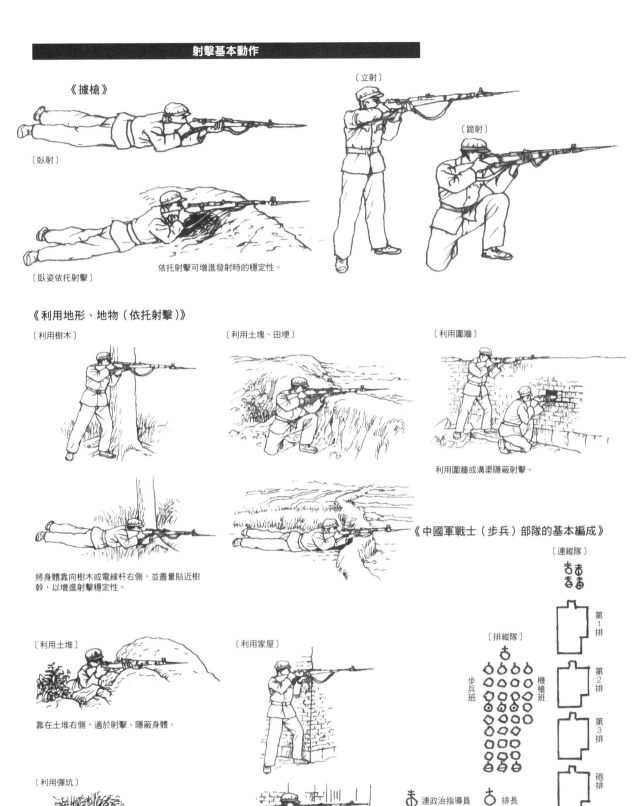

《據槍》

〔立射〕

〔跪射〕

〔臥射〕

依托射擊可增進發射時的穩定性。

〔臥姿依托射擊〕

《利用地形、地物（依托射擊）》

〔利用樹木〕

〔利用土塊、田埂〕

〔利用圍牆〕

利用圍牆或溝渠隱蔽射擊。

將身體靠向樹木或電線杆右側，並盡量貼近樹幹，以增進射擊穩定性。

《中國軍戰士（步兵）部隊的基本編成》

〔連縱隊〕

第1排

第2排

第3排

〔排縱隊〕

砲排

〔利用土堆〕

〔利用家屋〕

步兵班　機槍班

連本部

靠在土堆右側，適於射擊、隱蔽身體。

炊事班

〔利用彈坑〕

連政治指導員　　排長

連副指導員　　　班長

連長　　　　　　副班長

副連長　　　　　戰鬥小組長

事務長　　　　　戰士

若彈坑太淺，可以挖深一點。

若有家屋或建築物，須迅速利用牆角、門窗左側隱蔽身體進行射擊。

153

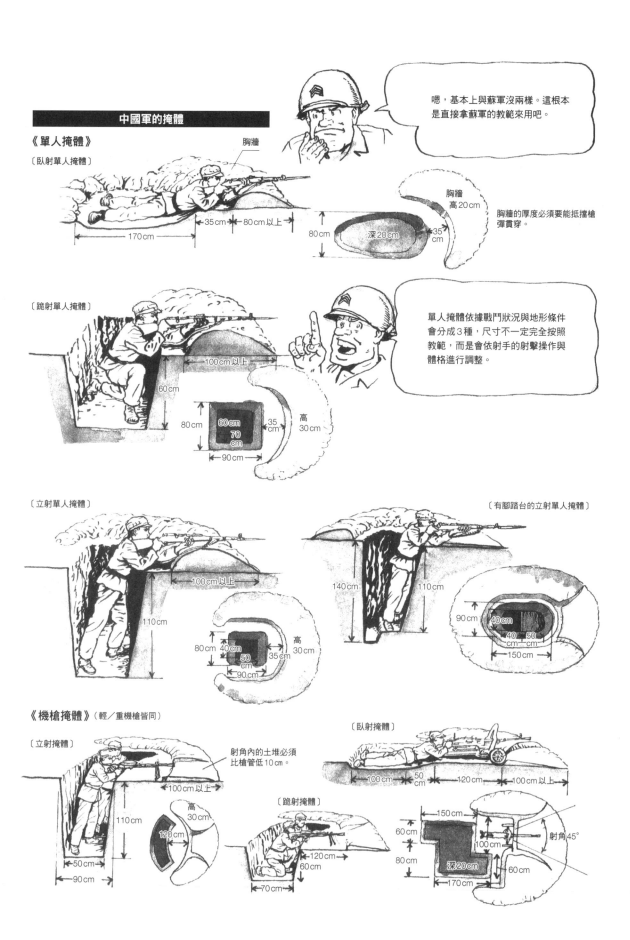

154

《利用地物構築掩體》

〔利用溝渠的掩體〕

140 cm

〔利用土堤的掩體〕

35 cm　90 cm

70 cm

〔利用磚牆的掩體〕

要先開出槍眼，然後再挖掩體。

〔利用彈坑的掩體〕

140 cm

50 cm

戰鬥時可利用溝渠、彈坑、土堤、路肩等各種地物構築掩體。如此不僅可以減少作業時間與作業量，也能獲得充分隱蔽。
這可不算偷吃步喔。

《構築戰壕、交通壕》

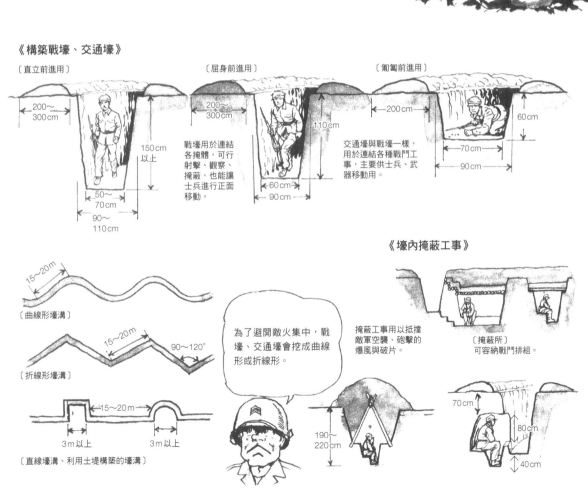

〔直立前進用〕

200～300 cm

150 cm以上

50～70 cm

90～110 cm

戰壕用於連結各掩體，可行射擊、觀察、掩蔽，也能讓士兵進行正面移動。

〔屈身前進用〕

200～300 cm

110 cm

60 cm

90 cm

交通壕與戰壕一樣，用於連結各種戰鬥工事，主要供士兵、武器移動用。

〔匍匐前進用〕

200 cm

60 cm

70 cm

90 cm

《壕內掩蔽工事》

15～20 m

〔曲線形壕溝〕

15～20 m

90～120°

〔折線形壕溝〕

15～20 m

3 m以上　　3 m以上

〔直線壕溝、利用土堤構築的壕溝〕

為了避開敵火集中，戰壕、交通壕會挖成曲線形或折線形。

掩蔽工事用以抵擋敵軍空襲、砲擊的爆風與破片。

〔掩蔽所〕
可容納戰鬥排組。

190～220 cm

70 cm

80 cm

40 cm

北韓軍事教範（蘇軍教範1939年）

接受蘇聯支援的北韓軍，不論裝備或編制都是蘇聯式。北韓軍將蘇軍參謀製作的進攻計畫翻譯成韓文，並照章實施作戰。

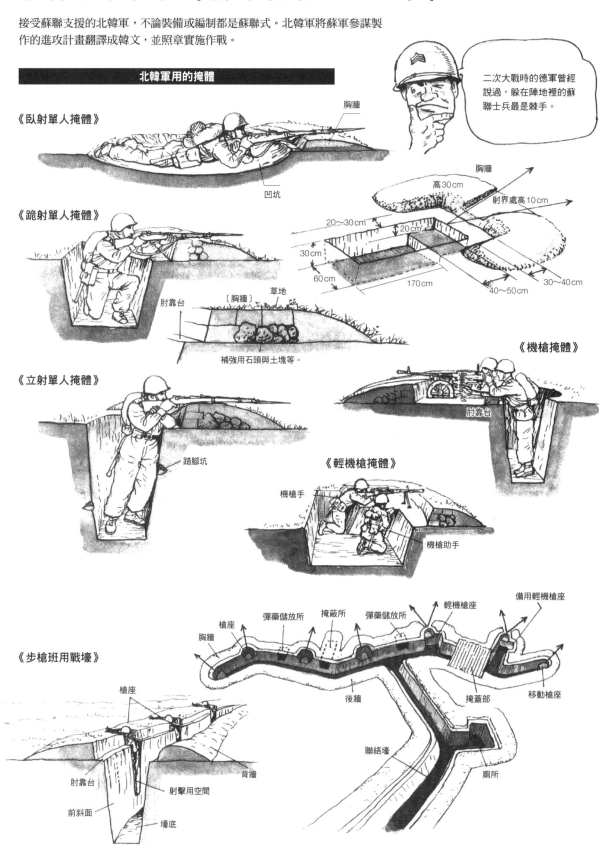

二次大戰時的德軍曾經說過，躲在陣地裡的蘇聯士兵最是棘手。

北韓軍用的掩體

《臥射單人掩體》

胸牆

凹坑

《跪射單人掩體》

胸牆

高30cm

射界處高10cm

20～30cm

20cm

30cm

60cm

170cm

40～50cm

30～40cm

肘靠台

〔胸牆〕

草地

補強用石頭與土塊等。

《立射單人掩體》

《機槍掩體》

肘靠台

踏腳坑

《輕機槍掩體》

機槍手

機槍助手

《步槍班用戰壕》

槍座

彈藥儲放所

掩蔽所

彈藥儲放所

輕機槍座

備用輕機槍座

胸牆

後牆

掩蓋部

移動槍座

聯絡壕

廁所

肘靠台

射擊用空間

前斜面

背牆

壕底

刺槍術是肉搏戰時殲滅敵人的重要手段之一，於反侵略戰爭具有重要意義。

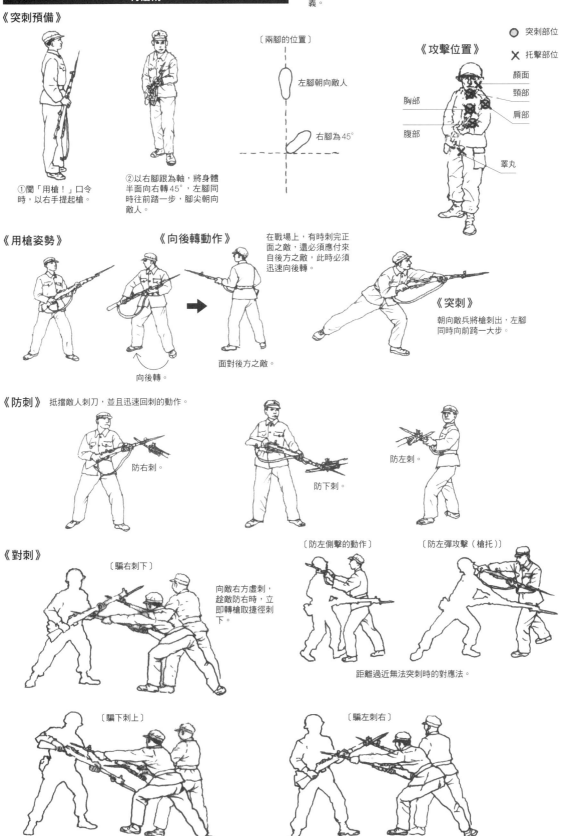

《突刺預備》

〔兩腳的位置〕

左腳朝向敵人

右腳為45°

①聞「用槍！」口令時，以右手提起槍。

②以右腳跟為軸，將身體半面向右轉45°，左腳同時往前踏一步，腳尖朝向敵人。

○ 突刺部位
✕ 托擊部位

《攻擊位置》

顏面
頸部
胸部
肩部
腹部
睪丸

《用槍姿勢》

《向後轉動作》

向後轉。

面對後方之敵。

在戰場上，有時刺完正面之敵，還必須應付來自後方之敵，此時必須迅速向後轉。

《突刺》

朝向敵兵將槍刺出，左腳同時向前跨一大步。

《防刺》 抵擋敵人刺刀，並且迅速回刺的動作。

防右刺。

防下刺。

防左刺。

《對刺》

〔騙右刺下〕

向敵右方虛刺，趁敵防右時，立即轉槍取捷徑刺下。

〔防左側擊的動作〕

〔防左彈攻擊（槍托）〕

距離過近無法突刺時的對應法。

〔騙下刺上〕

向敵腹部虛刺後，立即轉槍取捷徑刺上。

〔騙左刺右〕

向敵左方虛刺後，立即轉槍取捷徑刺右。

157

《自地面觀看的敵機隊形》

■戰鬥機

〔橫隊隊形〕

〔梯隊隊形〕 〔縱隊隊形〕

■轟炸機

〔品字隊形〕

〔人字隊形〕

〔菱形隊形〕

《射擊飛機》

①發現空中有飛機時，首先要對機型進行敵我識別。
②若為敵機（制空權由聯合國軍掌握），則要判斷機種、性能、特徵。
③採取有效攻擊方法。

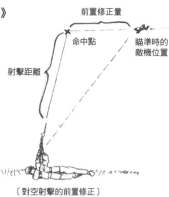

前置修正量
命中點
射擊距離
瞄準時的敵機位置

〔對空射擊的前置修正〕

若為噴射機，要往前取5個機身進行瞄準射擊。

〔配合機型取出前置修正量〕

■飛機的前置量計算表

兵器種類		前置量（機身數）		飛行速度（m／秒）						
		62	160		300		360		500	
		機身	機身		機身		機身		機身	
			大型	小型	大型	小型	大型	小型	大型	小型
200	半自動步槍	2	2	3.5	4.5	7	5	8.5	7	11.5
	各種步槍 騎兵槍 各種機槍	1	2	3	4	6	4.5	7.5	6.5	10
300	半自動步槍	2.5	3.5	5.5	7	11	8.5	13.5	11.5	18.5
	各種步槍 騎兵槍 各種機槍	2	3	5	6	10	7.5	12	10	16
400	半自動步槍	4	5	8.5	10	16.5	12	20	17	27
	各種步槍 騎兵槍 各種機槍	3	4.5	7	8.5	14	10	16.5	14	22.5
500	半自動步槍	5	7	11	14	22.5	16.5	27	23	36.5
	各種步槍 騎兵槍 各種機槍	3.5	6	9.5	11.5	18	13.5	22	18.5	30

射擊距離（m）

（註）●參考自1976年版表格。
●機身的平均長度為大型機：21m，小型機：13m。
●速度第一格的62m／秒是直升機的平均飛行速度。
●機槍不包含防空機槍。
●本表僅登載平均數值，精確前置量會依機型而異。

《射擊俯衝之敵機》

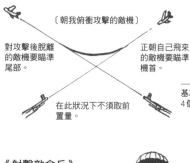

〔朝我俯衝攻擊的敵機〕

對攻擊後脫離的敵機要瞄準尾部。

正朝自己飛來的敵機要瞄準機首。

在此狀況下不須取前置量。

〔自側方射擊敵機〕

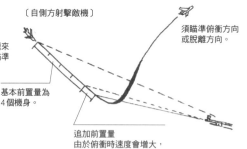

須瞄準俯衝方向或脫離方向。

基本前置量為4個機身。

追加前置量
由於俯衝時速度會增大，因此須多加1個機身。

《防空射擊火網》

對敵機前進路線進行集火射擊。

《射擊敵傘兵》

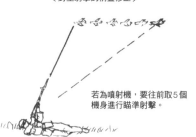

「打士兵，別打降落傘！」
就算降落傘中彈數發，傘兵也能平安落地。

敵傘兵的降落傘通常會在高度500m以下開傘。由於飄降中的傘兵無法進行有效射擊，因此可以慎重瞄準、射擊。

〔對傘兵取前置量〕
考量風向，瞄準點往下取4人份。

①若察覺有敵空降部隊準備跳傘，必須立刻派出先遣隊於降落地點展開，以期萬全殲敵。
②跳傘前先攻擊飛機。
③傘降時防備最為脆弱，因此要盡可能殲敵於空中。
④敵兵著陸後，須於敵集結前殲滅之。

■對敵傘兵取前置量

射擊距離（m）	100	200	300	400	500
前置量（人體）	腳踝	1人份	1.5人份	2.5人份	3.5人份

《以步槍對空射擊》

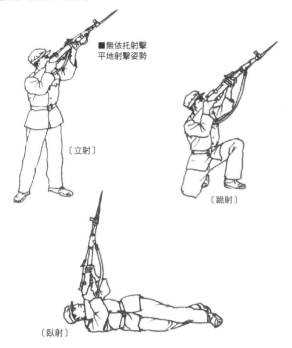

■無依托射擊
平地射擊姿勢

〔立射〕

〔跪射〕

■依托射擊

若有可依托利用的地形、構造物，便能穩定瞄準射擊。

〔臥射〕

《利用機槍對空射擊》

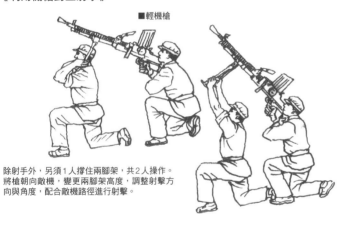

■輕機槍

除射手外，另須1人撐住兩腳架，共2人操作。
將槍朝向敵機，變更兩腳架高度，調整射擊方
向與角度，配合敵機路徑進行射擊。

■五三式重機槍

先將機槍自輪式槍架上取
下，並立起槍架，然後架
起槍架後方的高射槍架使
用。

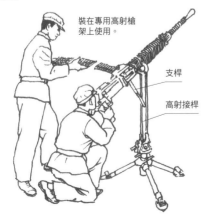

■九二式重機槍

裝在專用高射槍
架上使用。

支桿

高射接桿

■馬克沁重機槍

拉伸三腳架，固定於
高射位置使用。

反戰車攻擊

《戰防雷》

〔中國製〕

TM-41

N04（仿造美製M-1）

〔蘇聯製〕

YaM-5（木製）

TM-46

《防戰車障礙物》

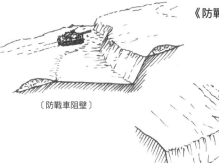

〔防戰車阻壁〕

〔防戰車斷崖〕

〔防戰車三角錐〕

配置於戰車通道前方。三角錐會頂起履帶讓它空轉，或是弄壞行駛裝置。

《炸藥包攻擊》

炸藥包會綁在長竿上，並且裝上鐵鉤（2個以上）。

勾住主砲或砲塔的把手、欄杆、架子等處引爆。

丟至底盤上方或引擎室上方（投擲法）引爆。

塞進擋泥板與履帶之間引爆破壞履帶。

《反裝甲小組進行攻擊》

反裝甲小組一般是以3～4名爆破手編成。他們首先會排除伴隨戰車的敵步兵，然後再讓爆破手前去攻擊。

預備爆破手

爆破手

掩護手（組長）

《攜帶式反戰車武器》

〔捷格加廖夫PTRD-1941戰防槍〕

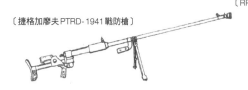

蘇聯製栓動式反戰車步槍，雖然它無法射穿正面的厚重裝甲，但可貫穿裝甲較薄處，也能破壞窺視窗。

RPG-43 投擲時

飛行穩定用布條

〔RPG-43反戰車手榴彈〕

〔莫洛托夫雞尾酒（燃燒瓶）〕

〔VPGS-41槍榴彈〕

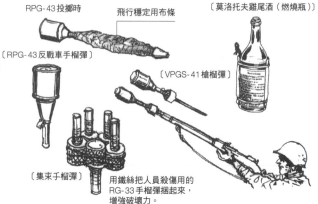

〔集束手榴彈〕

用鐵絲把人員殺傷用的RG-33手榴彈捆起來，增強破壞力。

《突破鐵絲網》

〔用破壞剪切斷〕

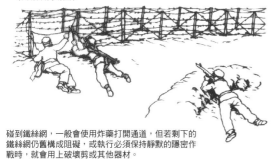

碰到鐵絲網，一般會使用炸藥打開通道，但若剩下的鐵絲網仍舊構成阻礙，或執行必須保持靜默的隱密作戰時，就會用上破壞剪或其他器材。

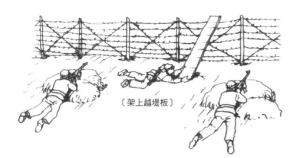

〔架上越堤板〕

《敵火下挖掘單人掩體》

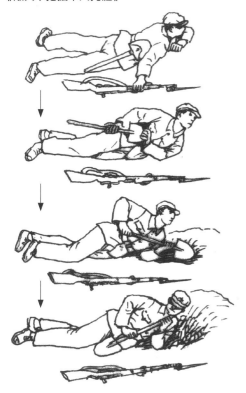

①保持臥倒狀態，先挖單側，由前往後挖。
②將挖出的土送往前方堆成胸牆。
③另一側也比照辦理。
④之後，可依據情況繼續加深，挖出跪射用或立射用單人掩體。

《爆破鐵絲網》

3m直列炸藥

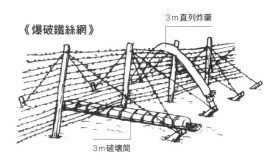

3m破壞筒

屋頂型鐵絲網的縱深約3m。可將3根破壞筒插入下方，或披至上方爆破。若縱深更大，則以連續爆破開設通道。

《爆破戰壕、防戰車壕》

使用約15～20kg集團裝藥破壞戰壕。

1～1.5m

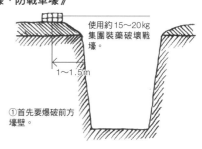

①首先要爆破前方壕壁。

②從崩塌處進入壕溝，於前方壕壁設置裝藥。

1.2～1.3m

以棒子支撐炸藥。

③於崩塌處再次設置裝藥，以完全爆破前方壕壁。

若為防戰車壕，一開始的外部裝藥使用25kg，內部裝藥則使用6～7kg。

《破壞敵火力點（碉堡）》

爆破手

集中火力攻擊敵碉堡射口，讓爆破手趁隙而入。若有戰車、火砲能支援，則可標定目標以砲擊破壞之。

各種應急爆炸裝置

《集團裝藥》
埋入點火裝置或電氣信管，必須深埋進入裝藥內部固定，以防被扯掉。

所謂「裝藥」，指的是為實施爆破而準備的一定份量炸藥。裝藥會以紙、布或油紙、油布包覆，也常會使用箱子或罐子等容器。

《直列裝藥》
長1～3m，靠在板子（上圖）或竹子（下圖）上固定穩妥。

《投擲小型捆包炸藥》
比照手榴彈使用。

《地雷》
地雷構造簡單、製作容易，是種很有效的兵器。雷殼可用現地容易取得的材料製作。

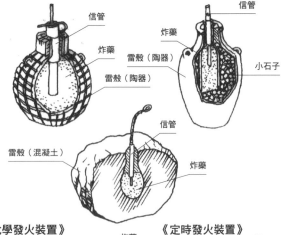

信管
炸藥
雷殼（陶器）
雷殼（陶器）
小石子
信管
炸藥
雷殼（混凝土）
信管
炸藥

《化學發火裝置》

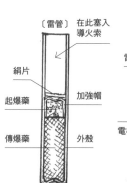

踏板　積土　彈簧
硫酸瓶
雷管
炸藥

踩到踏板後，裝有硫酸的瓶子就會破裂，進而發火、引爆。

《定時發火裝置》

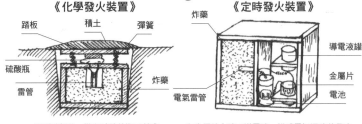

炸藥
導電液罐
金屬片
電池
電氣雷管

在金屬片上滴下導電液，構成電氣迴路後發火。能以導電液的量調整發火時間。

《點火裝置》
點燃炸藥用的器具，包括信管、雷管、火管、導火索等。

〔信管〕
以拉引繩（發火繩）的方式發火的型式。

引繩
引火筒
發火帽
雷管
保險銷
固定片

〔信管〕
按入押棒，以內藏火柴發火的型式。

押棒
保險銷
火柴棒（3根束在一起）
摩擦筒
雷管

〔雷管〕
在此塞入導火索

絹片
起爆藥
傳爆藥
加強帽
外殼

〔電氣信管〕
以電力讓雷管發火的型式。

雷管
電橋絲
腳線
引火藥
防潮劑

〔火管〕
拉動發火柄發火的型式。

發火柄
發火金屬線
火帽
摩擦藥
紙製管體
倒刺

《導火索與雷管的連結》

①連結導火索與雷管。

③電氣點火式會使用專用點火機。

②以鉗子夾緊，穩妥固定。

③火柴點火式以摩擦點火。

第3層
芯線與芯藥
第4層
第2層
第1層
〔導火索的構造〕

《破壞筒》

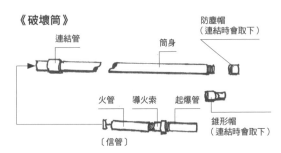

連結管
筒身
防塵帽（連結時會取下）
火管　導火索　起爆管
〔信管〕
錐形帽（連結時會取下）

筒狀炸藥，粗5.3cm，長0.5～1m。最長的1m型裝有3kg TNT炸藥，重6kg。透過連結管（內有插入信管用的空間）可連結數根使用。

地雷的埋設

地雷會埋設於敵軍活動地區或敵軍前進路線上。除此之外，在敵兵會通過的路徑或敵兵可能觸摸之處也可以設置詭雷。

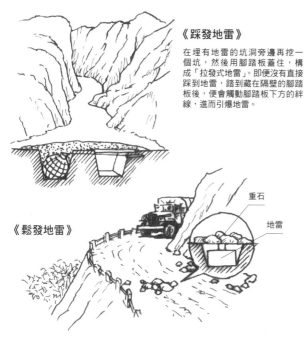

《踩發地雷》

在埋有地雷的坑洞旁邊再挖一個坑，然後用腳踏板蓋住，構成「拉發式地雷」。即便沒有直接踩到地雷，踏到藏在隔壁的腳踏板後，便會觸動腳踏板下方的絆線，進而引爆地雷。

《鬆發地雷》

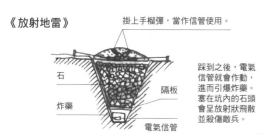

設置容易引起敵人注意的障礙物，構成一種詭雷。
若搬動壓在地雷上的重石就會引爆。

《放射地雷》

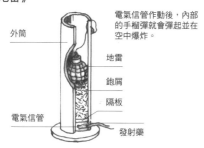

掛上手榴彈，當作信管使用。

踩到之後，電氣信管就會作動，進而引爆炸藥。塞在坑內的石頭會呈放射狀飛散並殺傷敵兵。

《跳炸地雷》

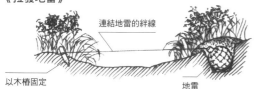

電氣信管作動後，內部的手榴彈就會彈起並在空中爆炸。

《拉發地雷》

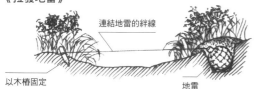

以木樁固定
地雷

最常使用的詭雷之一。在通道上拉起絆線，絆到之後就會引爆地雷。

《子彈開關》

屬於詭雷的一種。若敵兵為求好玩而射擊看板，命中的子彈就會讓2片金屬夾板通電，進而引爆詭雷。用刺刀刺穿也有同樣效果。

中間夾木板
木板兩側為炸藥
正反面外側為金屬板
導電線

《於家屋內設置詭雷之處》

設置於門扉、門口地上、飯鍋內、壺底下、椅子底下等敵兵可能會通過、觸摸、搬動物品之處。

《拉發地雷》

操作士兵
連結地雷信管的繩索
埋設地雷。

埋伏在一旁的士兵會抓準時機拉動連結地雷的繩索引爆地雷。

《吊石連環地雷》

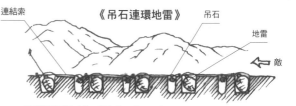

連結索　　吊石
地雷
敵

敵兵踩到地雷（第一顆）後，與地雷連結的吊石就會掉落，觸發下一顆地雷。下一顆吊石接著掉落，使連結的地雷一顆顆連續爆炸。

《滾落式地雷》

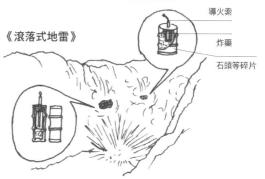

導火索
炸藥
石頭等碎片

點燃導火索後從懸崖上朝敵兵滾落的罐形地雷，這是一種在山地戰較多的韓戰很常用的獨特地雷。

朝鮮上空的戰鬥

韓戰的空戰

韓戰時期的空戰，因出現史上首次噴射戰鬥機對戰而受矚目。若以整體空戰來看，則可說是聯合國軍、共產軍雙方皆投入新舊機型拼死搏鬥的3年。參戰飛行隊包括共產軍的北韓空軍、中國志願空軍、蘇聯軍事顧問團，以及聯合國軍的韓國空軍、美國空軍／海軍／陸戰隊、英國空軍／海軍、澳洲空軍／海軍、南非空軍。

首場航空作戰是由北韓空軍攻擊韓國軍揭開序幕，此時北韓空軍配備的飛機包括Yak-9、Il-10對地攻擊機等，全都是螺旋槳機。相對於此，韓國空軍不僅沒有戰鬥機，地面部隊也因遭受奇襲而陷入混亂，使得制空權落入北韓軍之手。

聯合國軍與北韓軍的首場空戰，發生於開戰2天後的6月27日，美國空軍的F-80於這場空戰擊落3架北韓空軍的Yak-7。北韓空軍配合地面部隊南進，於各戰線持續發動攻擊，雖然它們規模不大，但對航空戰力仍嫌不足的聯合國軍而言卻十足具有威脅性。然而，等聯合國軍的航空戰力整備完成後，北韓軍機就開始損失慘重。空戰折損加上地面破壞，使得北韓空軍在開戰約2個月後的8月底便消耗殆盡。

當聯合國軍奪回空優之後，空中作戰便進入第二階段。聯合國軍飛行部隊的主要任務，從制空戰鬥轉變為對地面目標進行戰略轟炸以及戰術攻擊。各飛行部隊會對南進的北韓軍進行阻絕攻擊、攻擊補給點，並持續針對北韓境內的軍事、工業設施以及交通網等發動攻擊，以阻止北韓軍繼續南進。

等聯合國軍的地面部隊開始展開反擊作戰，空中的主戰場也會隨之北上，移往北韓境內。在此時期，由於敵戰鬥機的威脅減少，加上北韓軍防空武器過於脆弱，因此聯合國軍的飛機損失非常輕微。

然而好景不常，當MiG-15出現後，戰況便大幅扭轉。1950年11月1日，美國空軍首先確認該型機的存在。該月8日，便發生史上首場噴射戰鬥機對戰。此役雖由美國空軍的F-80擊落MiG-15取得勝利，但即使雙方都是噴射戰鬥機，像聯合國軍F-80這種仍採直線翼設計的噴射機，卻已明顯較MiG-15落伍。以它的性能來打空戰，實在是心有餘而力不足，因此MiG-15的出現以及雙方性能差距，便有如地面戰鬥的T-34-85那樣，對聯合國軍帶來極大心理衝擊。

為了應對此事，美國空軍決定投入最新型的F-86，首支部隊於12月5日抵達韓國。12月17日，F-86與MiG-15首次在空中對決。

自11月起出現在戰場上的MiG-15，雖是隸屬中國志願空軍，但飛行員卻不只有中國人，有些機體是由蘇聯軍事顧問團的飛行員駕駛。這讓聯合國軍不只接連損失轟炸機與攻擊機，就連噴射戰鬥機的折損也與日俱增。

進入1951年2月之後，在中國受完蘇軍訓練的北韓空軍MiG-15也加入攔截行列，使得聯合國軍必須把制空戰鬥完全交給F-86負責，其他噴射機與螺旋槳機則改去執行對地攻擊任務。

1951～1953年停戰為止的空中作戰，型態轉變為共產軍迎擊聯合國軍空優的防空攔截戰。雖然聯合國軍持續掌握朝鮮半島空優，但它們卻無法攻擊中國境內的MiG-15出擊基地，因此直到停戰為止，都仍無法完全掌控朝鮮半島的制空權。

在這3年之間，兩軍飛機戰損為聯合國軍2800架，共產軍約2000架。

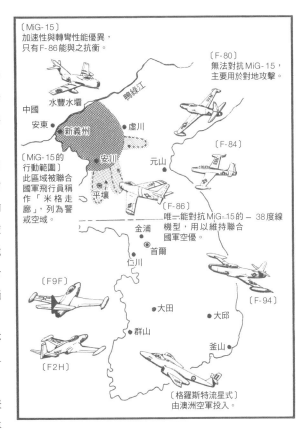

〔MiG-15〕
加速性與轉彎性能優異，只有F-86能與之抗衡。

〔F-80〕
無法對抗MiG-15，主要用於對地攻擊。

〔MiG-15的行動範圍〕
此區域被聯合國軍飛行員稱作「米格走廊」，列為警戒空域。

〔F-84〕

〔F-86〕
唯一能對抗MiG-15的－38度線機型，用以維持聯合國軍空優。

〔F-94〕

〔F9F〕

〔F2H〕

〔格羅斯特流星式〕
由澳洲空軍投入。

中國
安東
水豐水壩
鴨綠江
新義州
虛川
安川
元山
平壤
金浦
仁川
首爾
大田
大邱
群山
釜山

美國空軍的飛機

美國空軍在戰爭爆發後，便迅速讓駐紮日本的第5航空軍麾下部隊出擊至韓國。一直到停戰為止，都持續擔任制空、對地攻擊、運輸等任務。其保有架數約占聯合國軍飛行部隊的60%，是航空戰力的主力。

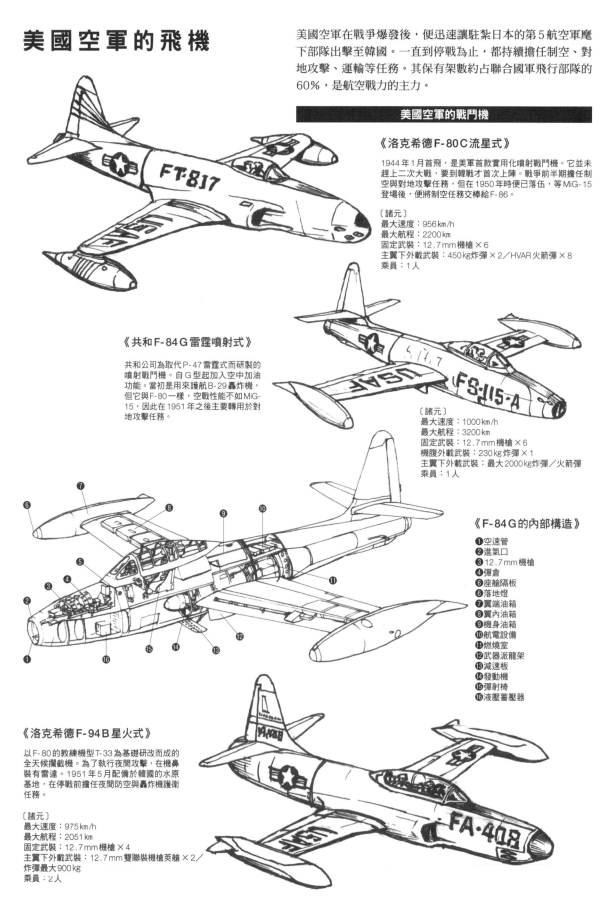

美國空軍的戰鬥機

《洛克希德F-80C流星式》

1944年1月首飛，是美軍首款實用化噴射戰鬥機。它並未趕上二次大戰，要到韓戰才首次上陣。戰爭前半期擔任制空與對地攻擊任務，但在1950年時便已落伍，等MiG-15登場後，便將制空任務交棒給F-86。

〔諸元〕
最大速度：956km/h
最大航程：2200km
固定武裝：12.7mm機槍×6
主翼下外載武裝：450kg炸彈×2／HVAR火箭彈×8
乘員：1人

《共和F-84G雷霆噴射式》

共和公司為取代P-47雷霆式而研製的噴射戰鬥機。自G型起加入空中加油功能。當初是用來護航B-29轟炸機，但它與F-80一樣，空戰性能不如MiG-15，因此在1951年之後主要轉用於對地攻擊任務。

〔諸元〕
最大速度：1000km/h
最大航程：3200km
固定武裝：12.7mm機槍×6
機腹外載武裝：230kg炸彈×1
主翼下外載武裝：最大2000kg炸彈／火箭彈
乘員：1人

《F-84G的內部構造》

❶空速管
❷進氣口
❸12.7mm機槍
❹彈倉
❺座艙隔板
❻落地燈
❼翼端油箱
❽翼內油箱
❾機身油箱
❿航電設備
⓫燃燒室
⓬武器派龍架
⓭減速板
⓮發動機
⓯彈射椅
⓰液壓蓄壓器

《洛克希德F-94B星火式》

以F-80的教練機型T-33為基礎研改而成的全天候攔截機。為了執行夜間攻擊，在機鼻裝有雷達。1951年5月配備於韓國的水原基地，在停戰前擔任夜間防空與轟炸機護衛任務。

〔諸元〕
最大速度：975km/h
最大航程：2051km
固定武裝：12.7mm機槍×4
主翼下外載武裝：12.7mm雙聯裝機槍莢艙×2／炸彈最大900kg
乘員：2人

《北美 F-51 D 野馬式》

二次大戰後仍持續配備的 P-51，於 1948 年因美國空軍修改命名規則，將制式型號改成 F-51。雖然當時戰鬥機的主角已經轉換為噴射機，但由於它的航程比噴射機更長，武器酬載量又大，因此在韓戰期間仍能當作戰轟機使用。

〔諸元〕
最大速度：710 km/h
最大航程：2660 km
固定武裝：12.7mm 機槍×6
主翼下外載武裝：炸彈最大 460 kg／HVAR 火箭彈×6
乘員：1 人

《北美 F-82 雙胞野馬式》

為了護航轟炸機，將兩架 P-51 戰鬥機結合在一起構成的長程戰鬥機。之後也有推出在主翼中央下方配備雷達的夜間戰鬥機型，韓戰期間使用夜間戰鬥機的 G 型。F-82 於 1950 年 6 月 27 日在金浦機場上空擊落 Yak-11 戰鬥機，是美國空軍在韓戰拿下的首支戰功。

〔諸元〕
最大速度：742 km/h
最大航程：3605 km
固定武裝：12.7mm 機槍×6
主翼下外載武裝：炸彈最大 1800 kg／HVAR 火箭彈×25
乘員：2 人

《與 MiG-15 交戰的美軍戰鬥機》

哎呀！各方面都是 MiG-15 占上風。就連新型的 F-86 性能都比不上它。

靠著二次大戰熟練飛行員的技術，勉強能與 MiG-15 一搏，但一直陷入苦戰。

MiG-15 就是這麼厲害。
・爬升能力強
・實用升限高
・轉彎半徑小
・加速性能優
・水平速度快
・武裝火力強

唉呦！二次大戰最佳戰機也拿它沒轍！螺旋槳機根本敵不過噴射機。

二戰時被譽為「超級空中堡壘」的 B-29，碰到 MiG-15 也只能變成標靶。

F-80
F-84
F-51
F9F
B-29

〔MiG-15 的弱點〕
・急轉彎時有容易進入螺旋的特性。
・高攻角時的操控性很差。
・彈藥較少，射速較慢。
・瞄準器較舊，命中率差。
・滯空時間短。

主翼後掠角與 MiG-15 同為 35°，發動機推力也幾乎相同，但 MiG-15 重量較輕，因此速度較快。

F-86

即便如此，飛行性能還是贏不了的啊？但靠著操控性、武裝、素質優秀的飛行員，最後還是取得壓倒性勝利。

然而，最大的弱點還是共產軍的飛行員技術未成熟。

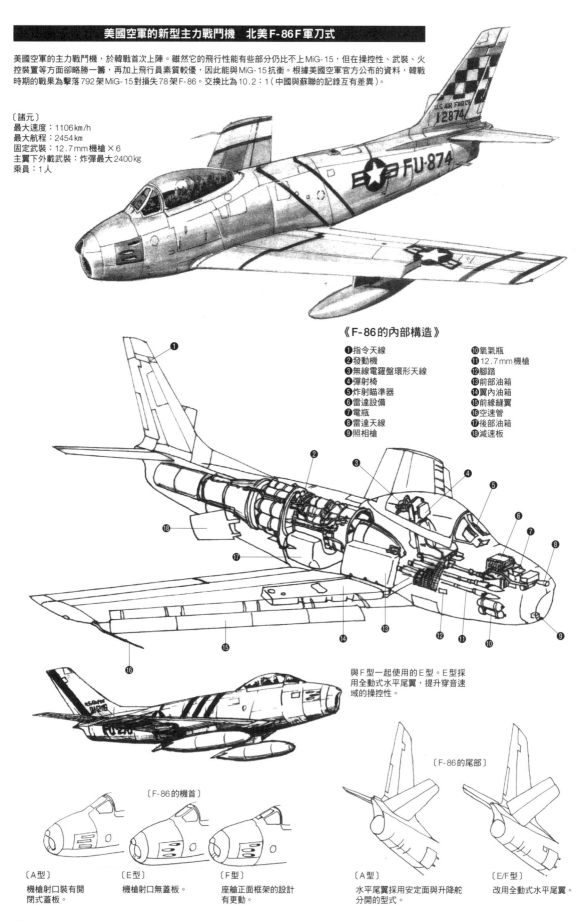

美國空軍的新型主力戰鬥機　北美F-86F軍刀式

美國空軍的主力戰鬥機，於韓戰首次上陣。雖然它的飛行性能有些部分仍比不上MiG-15，但在操控性、武裝、火控裝置等方面卻略勝一籌，再加上飛行員素質較優，因此能與MiG-15抗衡。根據美國空軍官方公布的資料，韓戰時期的戰果為擊落792架MiG-15對損失78架F-86。交換比為10.2：1（中國與蘇聯的記錄互有差異）。

〔諸元〕
最大速度：1106km/h
最大航程：2454km
固定武裝：12.7mm機槍×6
主翼下外載武裝：炸彈最大2400kg
乘員：1人

《F-86的內部構造》

❶指令天線
❷發動機
❸無線電羅盤環形天線
❹彈射椅
❺炸射瞄準器
❻雷達設備
❼電瓶
❽雷達天線
❾照相槍
❿氧氣瓶
⓫12.7mm機槍
⓬腳踏
⓭前部油箱
⓮翼內油箱
⓯前緣縫翼
⓰空速管
⓱後部油箱
⓲減速板

與F型一起使用的E型。E型採用全動式水平尾翼，提升穿音速域的操控性。

〔F-86的機首〕

〔A型〕
機槍射口裝有開閉式蓋板。

〔E型〕
機槍射口無蓋板。

〔F型〕
座艙正面框架的設計有更動。

〔F-86的尾部〕

〔A型〕
水平尾翼採用安定面與升降舵分開的型式。

〔E/F型〕
改用全動式水平尾翼。

《F-86 的標識》

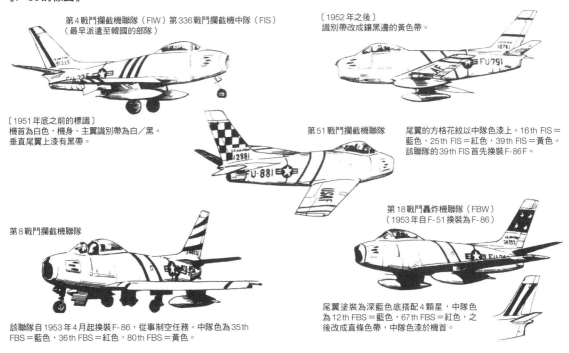

第4戰鬥攔截機聯隊（FIW）第336戰鬥攔截機中隊（FIS）
（最早派遣至韓國的部隊）

〔1952年之後〕
識別帶改成鑲黑邊的黃色帶。

〔1951年底之前的標識〕
機首為白色，機身、主翼識別帶為白／黑。
垂直尾翼上漆有黑帶。

第51戰鬥攔截機聯隊

尾翼的方格花紋以中隊色漆上。16th FIS＝
藍色、25th FIS＝紅色、39th FIS＝黃色。
該聯隊的39th FIS首先換裝F-86F。

第8戰鬥攔截機聯隊

第18戰鬥轟炸機聯隊（FBW）
（1953年自F-51換裝為F-86）

該聯隊自1953年4月起換裝F-86，從事制空任務。中隊色為35th
FBS＝藍色，36th FBS＝紅色，80th FBS＝黃色。

尾翼塗裝為深藍色底搭配4顆星，中隊色
為12th FBS＝藍色，67th FBS＝紅色，之
後改成直條色帶，中隊色漆於機首。

飛行員的軍裝

《美國空軍噴射戰鬥機飛行員》

降落傘套帶

B-5救生衣

抗G衣

L-2A飛行夾克

AP-1飛行頭盔

氧氣面罩

《美國空軍飛行員夏季飛行衣》

護目鏡
圖中畫的是國民黨軍
使用的美製品，另也
會使用蘇聯製品。

夏季會穿二次大戰使用的棉質K-1
等飛行衣，冬季則穿尼龍材質的飛
行衣。

《共產軍飛行員》

皮製飛行帽

裝備使用蘇聯製品，圖中畫的是在
一般軍服上穿著皮夾克，另外也會
使用夏季與冬季用飛行衣。

《波音B-29超級空中堡壘式》

當時部署於遠東地區的B-29，分別配置於第20航空軍下轄的5個轟炸機聯隊，駐紮沖繩的嘉手納基地與東京的立川基地。首次出擊為6月29日，9架B-29自嘉手納基地飛往金浦機場進行轟炸。1950年11月，在MiG-15攔截下首先被擊落1架，此後因MiG-15造成的損失便與日俱增，使得出擊得從白晝改至夜間。

〔諸元〕
最大速度：575 km/h
最大航程：9000 km
固定武裝：12.7 mm機槍×12、20 mm機砲×1
機腹炸彈艙：炸彈最大9100 kg
乘員：11人

《B-29的內部構造》

❶駕駛席
❷轟炸手席
❸空勤機械士席
❹無線電手席
❺聯絡通道管
❻機背機槍手席
❼尾部槍座
❽輔助動力單元（APU）
❾休息用鋪位
❿廁所
⓫後部乘員艙
⓬兩腰機槍手席
⓭領航員席

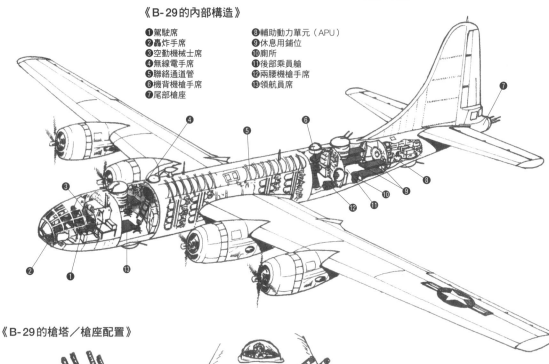

《B-29的槍塔／槍座配置》

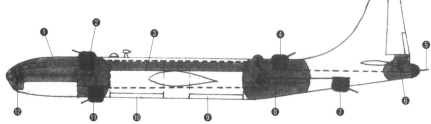

前部機背槍塔在早期型是雙聯裝，後來為了強化防禦力而改成四聯裝。

機身腹背共有4座槍塔，由火控系統進行遙控操作。後部腹背槍塔的操控與射擊，是透過機身左右側腰與後機背的氣泡窗控制。

逃生門
20 mm機砲
12.7 mm機槍

尾部槍座配備2挺12.7 mm機槍與1門20 mm機砲，由尾部機槍手進行直接操作。由於20 mm機砲的彈道與12.7 mm機槍不同，且難以瞄準目標，因此後來就被卸除。

❶前部氣密艙
❷前方機背槍塔
❸聯絡通道管
❹後方機背槍塔由機背機槍手操作
❺尾部槍座
❻尾部氣密艙
❼後方機腹槍塔由左右腰槍手操作
❽後部氣密艙
❾後部炸彈艙門
❿前部炸彈艙門
⓫前方機腹槍塔
⓬由轟炸手操作前部腹背槍塔
———：武器一次操作系統
-----：武器二次操作系統

各槍塔配備500發子彈。

《B-29的標識》

第19轟炸機聯隊　　　第22轟炸機聯隊　　　第92轟炸機聯隊　　　第98轟炸機聯隊

隸屬第307轟炸機聯隊的B-29。
用於夜間轟炸，因此機身與主翼等
機體下半部與尾翼會漆成黑色。

《KB-29MP空中加油機》

以B-29為基礎發展出的空中加油型，目的是為了延伸
B-29的航程。最初製造的加油機是浮錨式，等飛桁式
設計出來之後，便從MP型開始列為標準配備。1951年
7月14日，它在北韓上空為RB-46C進行空中加油，首
次用於實戰。

〔RB-46C照相偵察機〕

《道格拉斯B-26B入侵者式》

第二次世界大戰時期以A-26為型號制式採用。美國空軍成立
後，將機種變更為轟炸機，因此改稱B-26。韓戰剛爆發時，
自埼玉的強森基地出擊，隸屬第3轟炸機聯隊的B-26，是美國空
軍實施的首次對地攻擊任務。雖然它善於自低空攻擊敵車隊與陣
地，但由於共產軍的防空武器日漸對其構成威脅，因此任務便從
白晝改至夜間。機腹槍塔在配備火箭彈之後便廢除。

〔諸元〕
最大速度：575km/h
最大航程：2300km
固定武裝：12.7mm機槍×18（後期型為16）
機腹炸彈艙：炸彈最大2722kg
主翼下外載武裝：炸彈最大907kg／HVAR火箭彈×14
乘員：3人

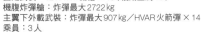

B-26C為了進行精準轟炸，在機首設有
轟炸手席，並配備轟炸瞄準器。

直列配備12.7mm機槍的封閉式
機首構型。

《道格拉斯C-47空中列車式》

開戰時用以彌補數量不足的C-54
運輸機，執行在韓美國人避難工
作，以及美國陸軍先遣部隊的運
輸任務。之後也持續擔任各種運
輸任務直到停戰。
酬載量：人員28名／貨物2.7t

《寇蒂斯C-46突擊隊式》

可充分活用比C-47大的酬載量，除運送
物資、人員、傷兵外，也能用於空降作
戰。1950年11月，當中國軍開始介入，
聯合國軍展開撤退之際，曾活躍於傷兵後
送與物資補給任務。
酬載量：人員40名／貨物6.8t

《道格拉斯C-54G空中霸王式》

道格拉斯公司研製的DC-4客機的軍用運輸機型。
它是空軍的主力運輸機，在韓戰期間負責日本與
韓國間的空運任務。
酬載量：人員50名／貨物14.7t

《費爾柴德C-119空中車廂式》

採雙尾桁式設計，貨艙蚌殼門可向左右大幅開啟，
以裝卸大型貨物。若要空投大型貨物，則須在起飛
前將貨艙門卸除。它於1951年投入韓戰，由駐紮日
本蘆屋基地的第403人員運輸機聯隊操作。
酬載量：人員62名／貨物13.6t

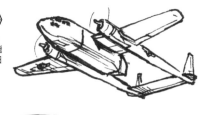

車輛與榴彈砲不僅能以未分解狀態
搭載，還可以空投。

《道格拉斯C-124A全球霸王II式》

當時美國空軍最大的運輸機，且是剛於1950年5月服役的最新機型。
機內分為2層，可同時運送人員與物資。機首下方與機尾下方皆設有
貨物艙門，機尾貨艙門可利用機內天車裝卸貨物。
酬載量：人員200名／貨物31t

《洛克希德VC-121 A》

改裝自洛克希德公司星座式客機的高級行
政機。麥克阿瑟元帥也使用本型機當作個
人專機，取名為「巴丹號」。

《波音VB-17G》

改裝自B-17G的高級行政機。

《派柏L-4草蜢式》

派柏公司J-3幼獸式輕航機的軍用型。除了用於
前進空中管制、偵察等任務外，有些機體也會改
造內艙用於運送傷兵。

《北美T-6德州佬式》

原本是教練機，但也能發揮前進空中管制功
用。它會搭載前進空中管制官，聯繫地面部隊
與執行空中密接支援的飛行部隊，進行指揮與
導引。

《格魯曼SA-16A信天翁式》

美國空軍用於搜索救難的水陸兩用機。美國海軍亦有
使用，型號為JR2F。

《波音SB-29超級小飛象式》

改造自B-29轟炸機的搜索救難機。機身前下方裝有搜索雷
達，機腹掛載鋁合金材質的A3空投救生艇。發現待救者後，
會以降落傘投下救生艇。

直升機

直升機於第二次世界大戰末期實用化，戰後5年有大幅發展，在韓戰期間正式投入軍事運用。它的用途包括偵察、觀測、運送物資／人員、救護救援、緊急後送等，相當多樣。

《塞考斯基H-5（陸軍、空軍）／OH-3（海軍、陸戰隊）》

負責救援跳傘在敵區或海上的飛行員，以及自前線後送傷兵。

為了運送傷兵，H-5可在機身左右裝掛收容擔架用的莢艙。

《塞考斯基H-19契卡索式（陸軍、空軍）／HO4S（海軍）／HRS（陸戰隊）》

美軍首款實用化的多功能直升機。機身後艙可搭載10名士兵或收容6副擔架。若僅載貨物，酬載量約為500kg（各型不同）。

〔諸元〕
最大速度：163km/h
最大航程：720km
乘員：2名（10名，或6副擔架）

〔諸元〕
最大速度：171km/h
最大航程：580km
乘員：1名（2名，或2副擔架）

《貝爾H-13蘇族式（陸軍）》

氣泡型座艙罩頗具特色，陸軍原本將它用於聯絡、偵察、觀測，但韓戰期間也會在機身兩側裝上擔架，用於後送傷兵。

〔諸元〕
最大速度：169km/h
最大航程：439km
乘員：1名（1名，或2副擔架）

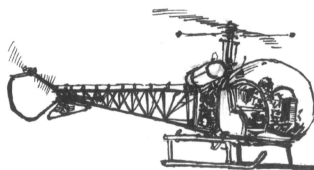

《皮亞塞基H-21C肖尼式（空軍）》

縱列雙旋翼型運輸直升機。因為機身形狀的關係，又被稱作「飛天香蕉」。空軍用於救護救援。

〔諸元〕
最大速度：204km/h
最大航程：426km
乘員：3名（20名，或12副擔架）

美國海軍／陸戰隊的飛機

《格魯曼F9F黑豹式》

為美國海軍與陸戰隊採用的格魯曼公司首款噴射戰鬥機。由於性能較MiG-15差，因此主要用於對地攻擊任務，但還是可以打空戰，並曾擊落過MiG-15。

美國海軍自開戰至停戰共派遣60個戰鬥／攻擊機中隊，陸戰隊則派遣11個戰鬥／攻擊機中隊，主要實施對地攻擊。海軍與陸戰隊的戰鬥／攻擊機飛行部隊幾乎都是配備同型飛機，不過陸戰隊除了航艦之外，也會在陸上基地操作。

〔諸元〕
最大速度：926km/h
最大航程：2176km
固定武裝：20mm機砲×4
主翼下外載武裝：HVAR火箭彈×6／
炸彈約900kg／燒夷彈×2
乘員：1人

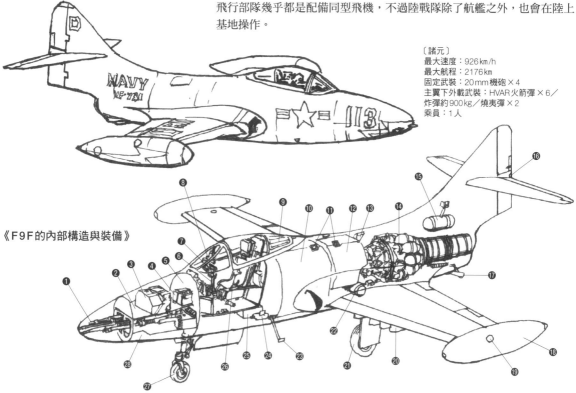

《F9F的內部構造與裝備》

❶M3 20mm機砲×4
❷無線電艙
❸20mm砲彈彈倉
❹電瓶
❺裝甲板
　駕駛桿
❼主儀表板

❽ACS射擊瞄準具
❾AN/ARN-6感測天線
❿機身前部油箱
⓫燃油注入口
⓬機身後部油箱
⓭液壓蓄壓器
⓮J48-P-6發動機

⓯發動機水噴射用儲液槽
⓰尾燈
⓱尾橇
⓲翼端油箱
⓳燃油注入口
⓴武器派龍架
㉑主輪

㉒液壓蓄壓器
㉓登機踏桿
㉔起落架緊急放下用氣瓶
㉕20mm砲彈彈倉
㉖彈射椅
㉗前輪
㉘鼻錐（機鼻罩）

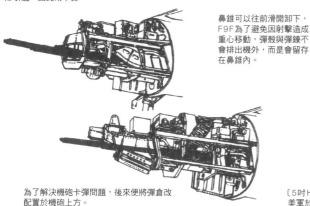

極早期型的機砲彈倉配置於座艙下方。由於給彈必須經由一條長形引道，因此常卡彈。

為了解決機砲卡彈問題，後來便將彈倉改配置於機砲上方。

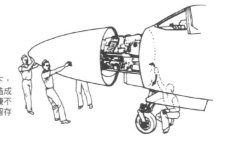

鼻錐可以往前滑開卸下，F9F為了避免因射擊造成重心移動，彈殼與彈鍊不會排出機外，而是會留存在鼻錐內。

〔5吋HVAR〕
美軍於1944年採用的空對地火箭彈。彈頭有榴彈、反戰車榴彈、煙幕彈等。HVAR是High Velocity Aircraft Rocket的簡寫。

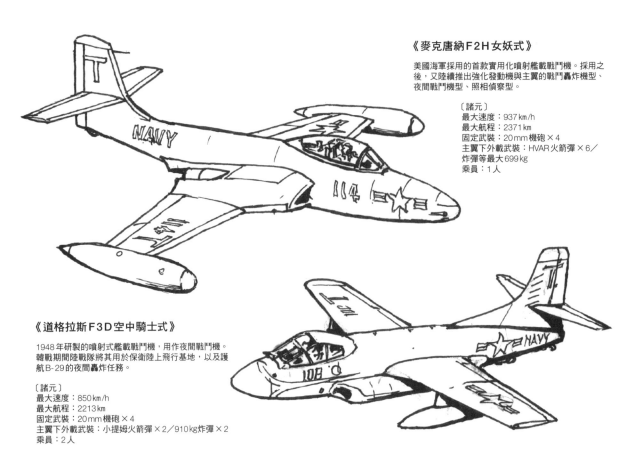

《麥克唐納F2H女妖式》

美國海軍採用的首款實用化噴射艦載戰鬥機。採用之後，又陸續推出強化發動機與主翼的戰鬥轟炸機型、夜間戰鬥機型、照相偵察型。

〔諸元〕
最大速度：937km/h
最大航程：2371km
固定武裝：20mm機砲×4
主翼下外載武裝：HVAR火箭彈×6／炸彈等最大699kg
乘員：1人

《道格拉斯F3D空中騎士式》

1948年研製的噴射式艦載戰鬥機，用作夜間戰鬥機。韓戰期間陸戰隊將其用於保衛陸上飛行基地，以及護航B-29的夜間轟炸任務。

〔諸元〕
最大速度：850km/h
最大航程：2213km
固定武裝：20mm機砲×4
主翼下外載武裝：小提姆火箭彈×2／910kg炸彈×2
乘員：2人

《格魯曼F7F虎貓式》

美國海軍於1944年採用的雙發螺旋槳艦載戰鬥機。它在設計上不僅能夠用於制空戰鬥，也可執行對地攻擊。雖然它在二次大戰末期便已配賦部隊，但要到韓戰才首次參與實戰。

〔諸元〕
最大速度：700km/h（日間型），681km/h（夜間型）
最大航程：4120km（日間型），3814km（夜間型）
固定武裝：20mm機砲×4、12.7mm機槍×4（僅日間型）
機腹外載武裝：炸彈最大約900kg×1／魚雷×1／水雷×1／小提姆火箭彈×1／150加侖副油箱或燒夷彈×1
主翼下外載武裝：炸彈最大約450kg×2／深水炸彈×2／水雷×2／小提姆火箭彈×2／HVAR火箭彈×8
乘員：1人（日間型），2人（夜間型）

《錢斯‧沃特F4U-5N海盜式》

1946年加強發動機馬力改良版的F4U-5的夜間戰鬥機型。主翼右側裝有AN/APS-19攔截雷達。除了夜間防空外，也會執行對地攻擊任務。

〔諸元〕
最大速度：756km/h
最大航程：2917km
固定武裝：20mm機砲×4
主翼下外載武裝：炸彈、燒夷彈最大約2300kg／HVAR火箭彈×8／FFAR火箭彈×8
乘員：1人

《錢斯‧沃特F4U-4海盜式》

F4U系列在二次大戰末期生產的型號。韓戰期間由陸戰隊當作對地攻擊機使用。

〔諸元〕
最大速度：728km/h
最大航程：2408km
固定武裝：12.7mm機槍×6、20mm機砲×4（B型以後）
外載武裝：炸彈、燒夷彈最大約900kg／HVAR火箭彈×8／FFAR火箭彈×8／小提姆火箭彈×2
乘員：1人

《道格拉斯AD-1天襲者式》

整合二次大戰復仇者式魚雷轟炸機與地獄俯衝者式俯衝轟炸機用途研製而成的攻擊機。於韓戰首次上陣，在對地攻擊任務發揮威力。1952年6月23日，該型機以空投魚雷摧毀北韓境內的水豐大壩。

〔諸元〕
最大速度：590km/h
最大航程：2500km
固定武裝：20mm機砲×1～2
機腹外載武裝：炸彈最大約1600kg／魚雷×1／水雷×1／小提姆火箭彈×1／150加侖副油箱／燒夷彈×1
主翼下外載武裝：炸彈最大1500kg／HVAR火箭彈×12
乘員：1人

《洛克希德P2V-2海王星式》

甫於1947年服役的最新型反潛巡邏機。於日本海等處執行海上巡邏任務。

《畢琪SNB-2H》

民用輕型運輸機畢琪18型的美國海軍型。主要用於後送傷患。

《史汀生OY2》

偵察、觀測、聯絡用輕型飛機。史汀生L-5哨兵式自陸軍移交給海軍與陸戰隊使用的型號。

〔諸元〕
最大速度：515km/h
最大航程：6410km
固定武裝：12.7mm機槍×2、20mm機砲×2
機腹炸彈艙：最大約2800kg的炸彈／深水炸彈／魚雷
主翼下外載武裝：HVAR火箭彈×16
乘員：7～9人

《團結PB4Y-2私掠船式》

以B-24轟炸機為基礎研改而成的巡邏轟炸機。美國海軍於1944年5月開始將其用作長程巡邏機。1951年將型號改為P4Y-2。

〔諸元〕
最大速度：482km/h
最大航程：4540km
固定武裝：12.7mm機槍×12
機腹炸彈艙：最大約5800kg的炸彈／深水炸彈／魚雷
乘員：11人

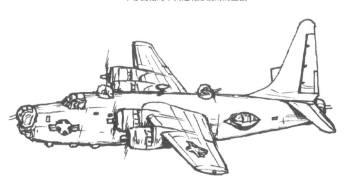

其他聯合國軍的飛機

除美軍之外的聯合國軍航空戰力，還有英軍與大英國協軍派遣的飛行部隊。
雖然投入作戰的機種是戰鬥機，但由於性能不如MiG-15，因此制空任務頗
為受限。除了部分機體外，大多僅從事對地攻擊。

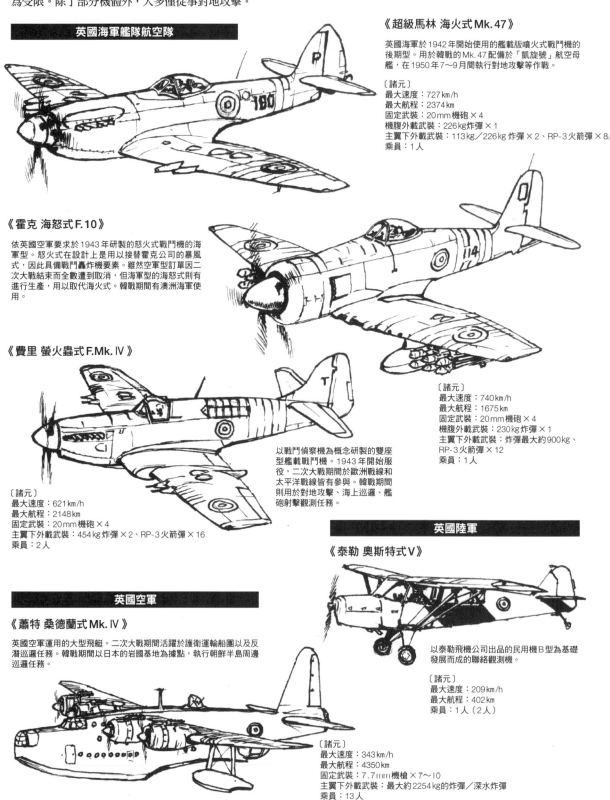

英國海軍艦隊航空隊

《霍克 海怒式F.10》

依英國空軍要求於1943年研製的怒火式戰鬥機的海
軍型。怒火式在設計上是用以接替霍克公司的暴風
式，因此具備戰鬥轟炸機要素。雖然空軍型訂單因二
次大戰結束而全數遭到取消，但海軍型的海怒式則有
進行生產，用以取代海火式。韓戰期間有澳洲海軍使
用。

《費里 螢火蟲式F.Mk.IV》

以戰鬥偵察機為概念研製的雙座
型艦載戰鬥機。1943年開始服
役，二次大戰期間於歐洲戰線和
太平洋戰線皆有參與。韓戰期間
則用於對地攻擊、海上巡邏、艦
砲射擊觀測任務。

〔諸元〕
最大速度：621km/h
最大航程：2148km
固定武裝：20mm機砲×4
主翼下外載武裝：454kg炸彈×2、RP-3火箭彈×16
乘員：2人

英國空軍

《蕭特 桑德蘭式Mk.IV》

英國空軍運用的大型飛艇。二次大戰期間活躍於護衛運輸船團以及反
潛巡邏任務。韓戰期間以日本的岩國基地為據點，執行朝鮮半島周邊
巡邏任務。

〔諸元〕
最大速度：343km/h
最大航程：4350km
固定武裝：7.7mm機槍×7～10
主翼下外載武裝：最大約2254kg的炸彈／深水炸彈
乘員：13人

《超級馬林 海火式Mk.47》

英國海軍於1942年開始使用的艦載版噴火式戰鬥機的
後期型。用於韓戰的Mk.47配備於「凱旋號」航空母
艦，在1950年7～9月間執行對地攻擊等作戰。

〔諸元〕
最大速度：727km/h
最大航程：2374km
固定武裝：20mm機砲×4
機腹外載武裝：226kg炸彈×1
主翼下外載武裝：113kg／226kg炸彈×2、RP-3火箭彈×8
乘員：1人

〔諸元〕
最大速度：740km/h
最大航程：1675km
固定武裝：20mm機砲×4
機腹外載武裝：230kg炸彈×1
主翼下外載武裝：炸彈最大約900kg、
RP-3火箭彈×12
乘員：1人

英國陸軍

《泰勒 奧斯特式V》

以泰勒飛機公司出品的民用機B型為基礎
發展而成的聯絡觀測機。

〔諸元〕
最大速度：209km/h
最大航程：402km
乘員：1人（2人）

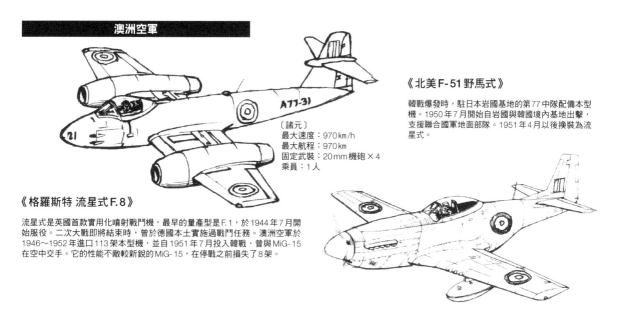

澳洲空軍

〔諸元〕
最大速度：970km/h
最大航程：970km
固定武裝：20mm機砲×4
乘員：1人

《格羅斯特 流星式F.8》

流星式是英國首款實用化噴射戰鬥機，最早的量產型是F.1，於1944年7月開始服役。二次大戰即將結束時，曾於德國本土實施過戰鬥任務。澳洲空軍於1946～1952年進口113架本型機，並自1951年7月投入韓戰，曾與MiG-15在空中交手。它的性能不敵較新銳的MiG-15，在停戰之前損失了8架。

《北美F-51 野馬式》

韓戰爆發時，駐日本岩國基地的第77中隊配備本型機。1950年7月開始自岩國與韓國境內基地出擊，支援聯合國軍地面部隊。1951年4月以後換裝為流星式。

南非空軍

《北美F-51 野馬式》

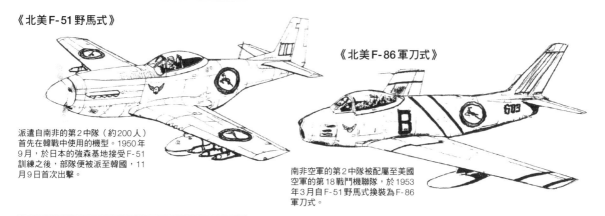

派遣自南非的第2中隊（約200人）首先在韓戰中使用的機型。1950年9月，於日本的強森基地接受F-51訓練之後，部隊便被派至韓國，11月9日首次出擊。

《北美F-86 軍刀式》

南非空軍的第2中隊被配屬至美國空軍的第18戰鬥機聯隊，於1953年3月自F-51野馬式換裝為F-86軍刀式。

韓國空軍

《北美F-51 野馬式》

《北美AT-6 德州佬式》

韓國空軍在開戰時擁有10架。雖然是教練機，但有些機體會充當輕攻擊機使用，實施對地攻擊。

韓國在成立空軍之際，雖然希望能夠獲得F-51戰鬥機，但美國政府卻不准他們增強軍備，因此開戰當時手上根本沒有戰鬥機。美國是在開戰才緊急提供10架F-51給韓國，然而，正規供應與戰鬥機部隊訓練卻要等到1951年5月才開始。在停戰之前，韓國空軍成立了3個飛行大隊，配備79架F-51。

《派柏L-4》

開戰時配備10架。由於是聯絡觀測機，因此構不成戰力。

共產軍的飛機

共產軍使用的飛機全部都是由蘇聯提供，機型從1920年代研製的雙翼機到最新型的噴射戰鬥機都有，相當多樣。

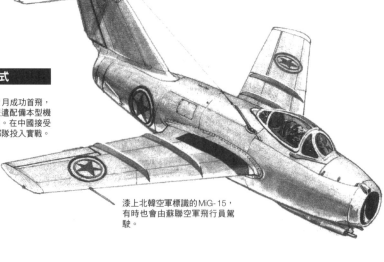

最新型噴射戰鬥機MiG-15柴把式

蘇聯為攔截敵轟炸機而研製的噴射戰鬥機。1947年12月成功首飛，1949年開始配賦蘇聯空軍。蘇聯在韓戰開戰後秘密派遣配備本型機的空軍部隊至中國，開始訓練共產軍，且有參與戰鬥。在中國接受蘇軍訓練的北韓空軍，自1952年9月開始將MiG-15部隊投入實戰。

〔諸元〕
最大速度：1074 km/h
最大航程：2520 km
固定武裝：23mm機砲×2、37mm機砲×1
乘員：1人

漆上北韓空軍標識的MiG-15，有時也會由蘇聯空軍飛行員駕駛。

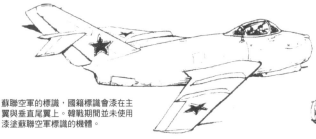

蘇聯空軍的標識，國籍標識會漆在主翼與垂直尾翼上。韓戰期間並未使用漆塗蘇聯空軍標識的機體。

漆上中國人民志願空軍標識的MiG-15。它們於1951年開始自中國境內基地出擊，於中朝邊境的鴨綠江附近迎戰聯合國軍機。

機首側面標語

中國軍機的國籍標識

《MiG-15的內部構造》

❶進氣口
❷落地燈
❸照相槍
❹VHF無線電
❺瞄準器
❻彈射椅
❼邊界層隔板
❽空速管
❾無線電羅盤發信機
❿無線電天線支柱
⓫機身上部油箱
⓬發動機
⓭尾燈
⓮減速板
⓯後樑
⓰航行燈
⓱主樑
⓲雷達高度計
⓳23mm機砲彈倉
⓴37mm機砲彈倉
㉑23mm機砲彈倉
㉒23mm機砲
㉓37mm機砲

《與MiG-15的空戰機動》

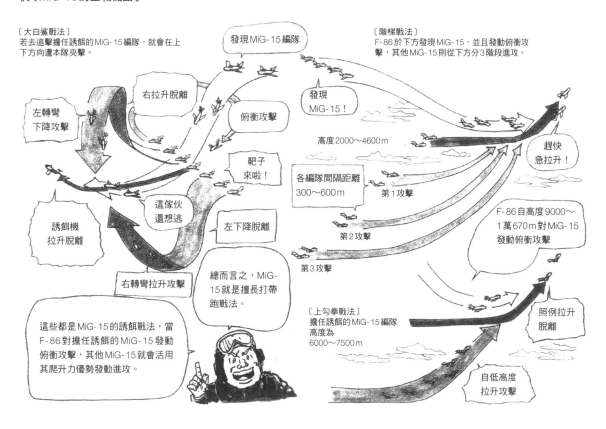

〔大白鯊戰法〕
若去追擊擔任誘餌的MiG-15編隊，就會在上下方向遭本隊夾擊。

發現MiG-15編隊

右拉升脫離

俯衝攻擊

左轉彎下降攻擊

靶子來啦！

誘餌機拉升脫離

這傢伙還想逃

左下降脫離

右轉彎拉升攻擊

這些都是MiG-15的誘餌戰法，當F-86對擔任誘餌的MiG-15發動俯衝攻擊，其他MiG-15就會活用其爬升力優勢發動進攻。

總而言之，MiG-15就是擅長打帶跑戰法。

〔階梯戰法〕
F-86於下方發現MiG-15，並且發動俯衝攻擊，其他MiG-15則從下方分3階段進攻。

發現MiG-15！

高度2000～4600m

各編隊間隔距離300～600m

第1攻擊

第2攻擊

第3攻擊

趕快急拉升！

F-86自高度9000～1萬670m對MiG-15發動俯衝攻擊

〔上勾拳戰法〕
擔任誘餌的MiG-15編隊高度為6000～7500m

照例拉升脫離

自低高度拉升攻擊

《MiG-15的衍生型》

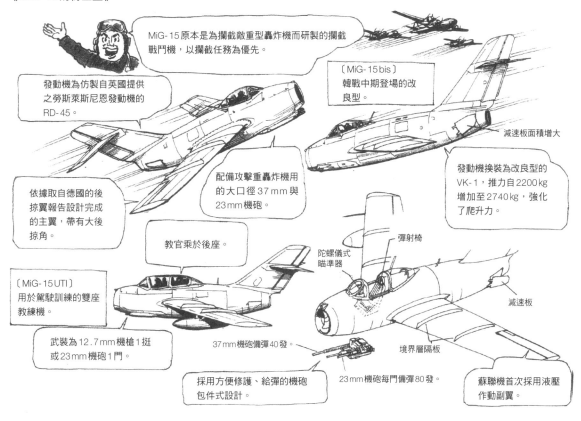

MiG-15原本是為攔截敵重型轟炸機而研製的攔截戰鬥機，以攔截任務為優先。

發動機為仿製自英國提供之勞斯萊斯尼恩發動機的RD-45。

依據取自德國的後掠翼報告設計完成的主翼，帶有大後掠角。

配備攻擊重轟炸機用的大口徑37mm與23mm機砲。

〔MiG-15bis〕
韓戰中期登場的改良型。

減速板面積增大

發動機換裝為改良型的VK-1，推力自2200kg增加至2740kg，強化了爬升力。

教官乘於後座。

彈射椅

陀螺儀式瞄準器

減速板

〔MiG-15UTI〕
用於駕駛訓練的雙座教練機。

武裝為12.7mm機槍1挺或23mm機砲1門。

37mm機砲備彈40發。

採用方便修護、給彈的機砲包件式設計。

23mm機砲每門備彈80發。

境界層隔板

蘇聯機首次採用液壓作動副翼。

共產軍的螺旋槳機

《雅克列夫Yak-7B》

把Yak-1戰鬥機的教練機型做進一步改良後製
成的戰鬥機。由於它的操控性能良好，因此
在採用Yak-9之後，仍作為戰鬥教練機使用。
蘇聯提供中國與北韓至1950年。

〔諸元〕
最大速度：600km/h
最大航程：850km
固定武裝：20mm機砲×1、
12.7mm機槍×2
主翼下外載武裝：RS-82火箭彈×6
乘員：1人

《雅克列夫Yak-9P》

用以取代Yak-7的高空戰鬥機。推出之後持續進行改良，
並發展不同用途的衍生型，共有20種構型。北韓與中國
獲得的是M型與P型。

〔諸元〕
最大速度：660km/h
最大航程：1130km
固定武裝：20mm機砲×3
乘員：1人

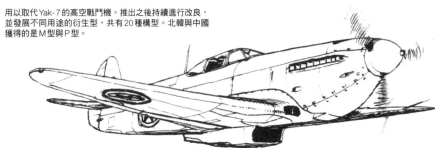

《拉沃奇金La-9》

由蘇聯的拉沃奇金設計局研製。1947年首
飛，在MiG-15登場前擔任蘇聯空軍的主力
戰鬥機。韓戰開戰當日下午，北韓空軍的
La-9襲擊了韓國的金浦與京城機場，以機
槍掃射摧毀駐留的美軍運輸機與機場設施。

〔諸元〕
最大速度：690km/h
最大航程：1735km
固定武裝：23mm機砲×4
乘員：1人

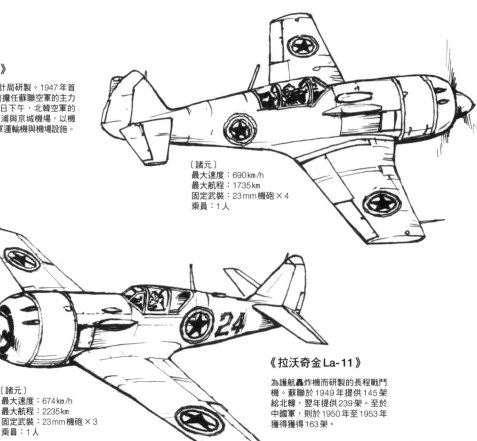

〔諸元〕
最大速度：674km/h
最大航程：2235km
固定武裝：23mm機砲×3
乘員：1人

《拉沃奇金La-11》

為護航轟炸機而研製的長程戰鬥
機。蘇聯於1949年提供145架
給北韓，翌年提供239架。至於
中國軍，則於1950年至1953年
獲得獲得163架。

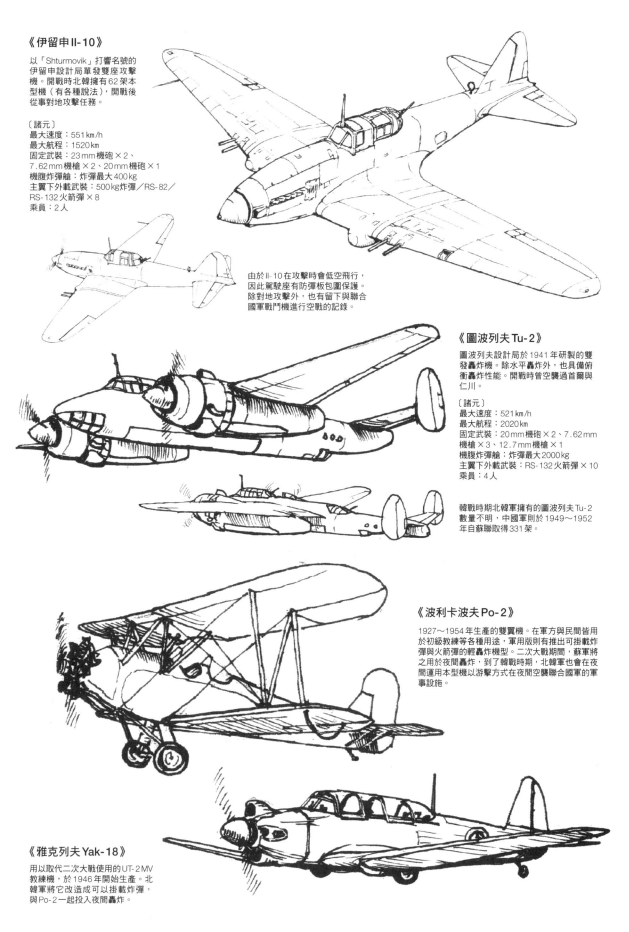

《伊留申 II-10》

以「Shturmovik」打響名號的伊留申設計局單發雙座攻擊機。開戰時北韓擁有62架本型機（各種說法），開戰後從事對地攻擊任務。

〔諸元〕
最大速度：551km/h
最大航程：1520km
固定武裝：23mm機砲×2、7.62mm機槍×2、20mm機砲×1
機腹炸彈艙：炸彈最大400kg
主翼下外載武裝：500kg炸彈／RS-82／RS-132火箭彈×8
乘員：2人

由於II-10在攻擊時會低空飛行，因此駕駛座有防彈板包圍保護。除對地攻擊外，也有留下與聯合國軍戰鬥機進行空戰的記錄。

《圖波列夫 Tu-2》

圖波列夫設計局於1941年研製的雙發轟炸機。除水平轟炸外，也具備俯衝轟炸性能。開戰時曾空襲過首爾與仁川。

〔諸元〕
最大速度：521km/h
最大航程：2020km
固定武裝：20mm機砲×2、7.62mm機槍×3、12.7mm機槍×1
機腹炸彈艙：炸彈最大2000kg
主翼下外載武裝：RS-132火箭彈×10
乘員：4人

韓戰時期北韓軍擁有的圖波列夫Tu-2數量不明，中國軍則於1949～1952年自蘇聯取得331架。

《波利卡波夫 Po-2》

1927～1954年生產的雙翼機。在軍方與民間皆用於初級教練等各種用途，軍用版則有推出可掛載炸彈與火箭彈的輕轟炸機型。二次大戰期間，蘇軍將之用於夜間轟炸，到了韓戰時期，北韓軍也會在夜間運用本型機以游擊方式在夜間空襲聯合國軍的軍事設施。

《雅克列夫 Yak-18》

用以取代二次大戰使用的UT-2MV教練機，於1946年開始生產。北韓軍將它改造成可以掛載炸彈，與Po-2一起投入夜間轟炸。

聯合國軍的艦艇活動

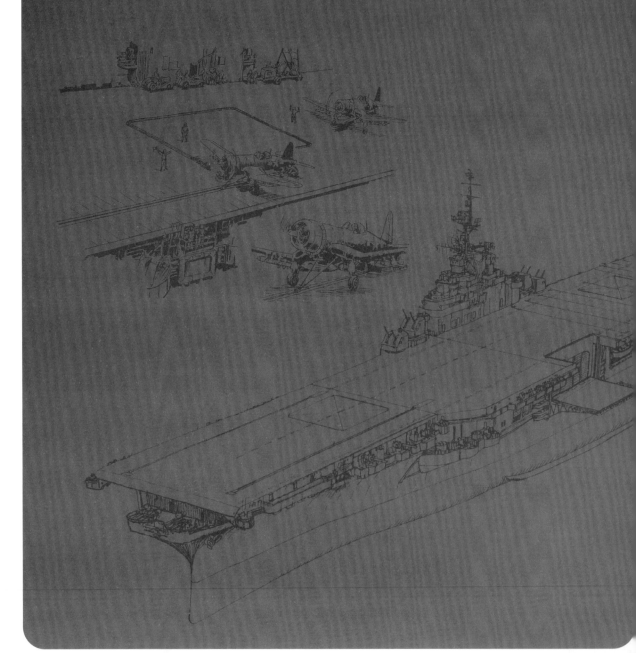

美國海軍的編制

美國海軍動員了太平洋艦隊（第5、第7艦隊）參與韓戰。其主力為航空母艦特遣艦隊，對朝鮮半島總共投入了15艘航艦（正規、輕型），連日放出艦載機，支援聯合國軍地面部隊。

【編制圖】

第7聯合特遣艦隊
　艦隊旗艦：羅徹斯特號巡洋艦

第99特遣艦隊
第99-1 偵察支隊
第99-11 第6巡邏隊
第99-12 第88偵察航空隊
第99-13 第202偵察航空隊
第99-2 巡邏護衛支隊
第99-21 第42巡邏隊
第99-22 第47巡邏隊

第91特遣艦隊
英國海軍部隊
　航艦×1
　輕巡洋艦×1
　驅逐艦×8
韓國海軍部隊
　輔助掃雷艇等×15

第92特遣艦隊
第10軍司令部
第92-1 登陸部隊（陸戰隊）
第92-2 登陸部隊（陸軍）
韓國第17步兵團

第79後勤支援特遣艦隊
第79-1 機動後勤支援支隊
第79-2 目標地區後勤支隊
第79-3 後勤支援支隊
第79-4 救難工作支隊

■第7聯合特遣艦隊
以兩棲作戰為目的編成的艦隊群。主力為第90特遣艦隊，由支援登陸部隊的艦隊構成。

第90特遣艦隊
第90-00 旗艦支隊
　兩棲指揮艦船
第90-01 戰術空軍管制支隊
第90-02 海軍海岸作戰支隊
第90-03 攻擊管制支隊
第90-04 管理支隊
第90-1 前進攻擊支隊
第90-11 運輸隊
第90-11-1 運輸隊
第90-2 運輸支隊
第90-3 貨物運輸支隊
第90-4 第14運輸支隊
第90-5 航空支援部隊
第90-51 護衛航艦支隊
　航艦×2

第90-52 護衛航艦支隊
　驅逐艦×4
第90-6 艦砲支援部隊
第90-61 巡洋艦支隊
　重巡洋艦×1
　輕巡洋艦×2
第90-62 驅逐艦支援支隊
　驅逐艦×6
第90-63 火箭支援艇支隊
第90-7 巡邏偵察支隊
　驅逐艦×2
　巡防艦×15
第90-8 第2機動支隊
第90-9 第3機動支隊

第77高速航艦特遣艦隊
第1航空戰隊
　航艦×1
第3航空戰隊
　航艦×1

第5航空戰隊
　航艦×1
第77-1 支援支隊
第77-2 巡邏支隊
　驅逐艦×14

185

航空母艦

美國海軍為韓戰派遣了11艘正規航艦與4艘輕型航艦／護衛航艦，其他還有英國海軍派出4艘、澳洲海軍派出1艘。戰爭期間，為了能夠隨時提供空中支援，這些航艦會輪番上場。

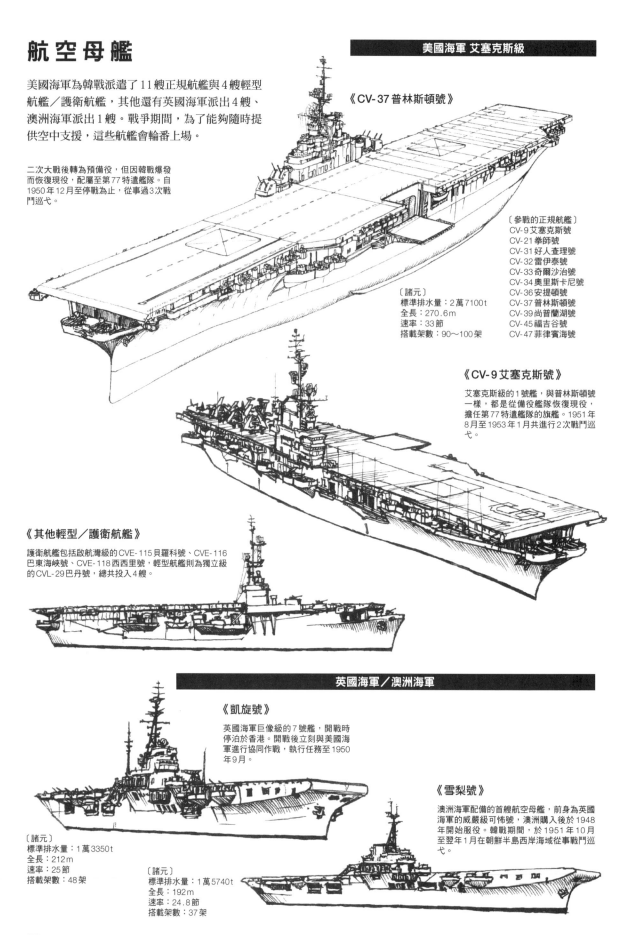

《CV-37 普林斯頓號》

二次大戰後轉為預備役，但因韓戰爆發而恢復現役，配屬至第77特遣艦隊。自1950年12月至停戰為止，從事過3次戰鬥巡弋。

〔參戰的正規航艦〕
CV-9 艾塞克斯號
CV-21 拳師號
CV-31 好人查理號
CV-32 雷伊泰號
CV-33 奇爾沙治號
CV-34 奧里斯卡尼號
CV-36 安提頓號
CV-37 普林斯頓號
CV-39 尚普蘭湖號
CV-45 福吉谷號
CV-47 菲律賓海號

〔諸元〕
標準排水量：2萬7100t
全長：270.6m
速率：33節
搭載架數：90～100架

《CV-9 艾塞克斯號》

艾塞克斯級的1號艦，與普林斯頓號一樣，都是從備役艦隊恢復現役，擔任第77特遣艦隊的旗艦。1951年8月至1953年1月共進行2次戰鬥巡弋。

《其他輕型／護衛航艦》

護衛航艦包括啟航灣級的CVE-115貝羅科號、CVE-116巴東海峽號、CVE-118西西里號，輕型航艦則為獨立級的CVL-29巴丹號，總共投入4艘。

英國海軍／澳洲海軍

《凱旋號》

英國海軍巨像級的7號艦，開戰時停泊於香港。開戰後立刻與美國海軍進行協同作戰，執行任務至1950年9月。

《雪梨號》

澳洲海軍配備的首艘航空母艦，前身為英國海軍的威嚴級可怖號，澳洲購入後於1948年開始服役。韓戰期間，於1951年10月至翌年1月在朝鮮半島西岸海域從事戰鬥巡弋。

〔諸元〕
標準排水量：1萬3350t
全長：212m
速率：25節
搭載架數：48架

〔諸元〕
標準排水量：1萬5740t
全長：192m
速率：24.8節
搭載架數：37架

《以F4U海盜式為例》

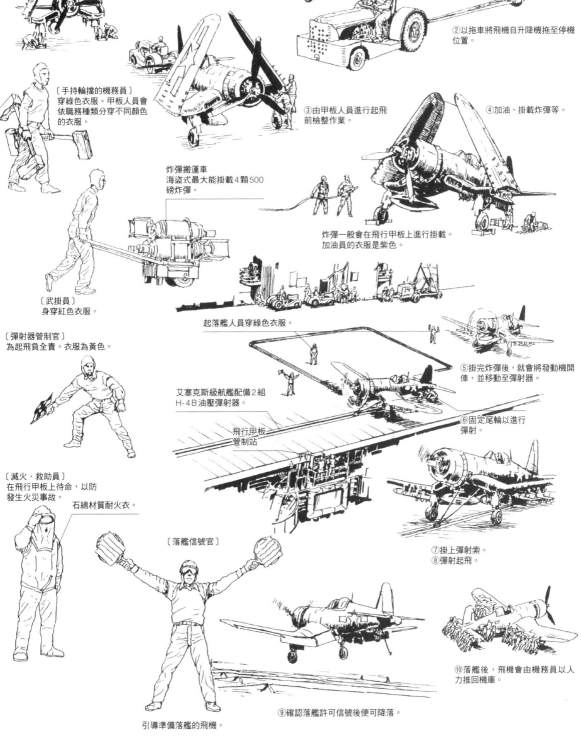

①自機庫透過升降機移動至飛行甲板。

②以拖車將飛機自升降機拖至停機位置。

〔手持輪擋的機務員〕
穿綠色衣服。甲板人員會依職務種類分穿不同顏色的衣服。

③由甲板人員進行起飛前檢整作業。

④加油、掛載炸彈等。

炸彈搬運車
海盜式最大能掛載4顆500磅炸彈。

〔武掛員〕
身穿紅色衣服。

炸彈一般會在飛行甲板上進行掛載。加油員的衣服是紫色。

〔彈射器管制官〕
為起飛負全責。衣服為黃色。

起落艦人員穿綠色衣服。

艾塞克斯級航艦配備2組H-4B油壓彈射器。

飛行甲板管制站

⑤掛完炸彈後，就會將發動機開伸，並移動至彈射器。

⑥固定尾輪以進行彈射。

〔滅火・救助員〕
在飛行甲板上待命，以防發生火災事故。

石綿材質耐火衣。

〔落艦信號官〕

⑦掛上彈射索。
⑧彈射起飛。

⑨確認落艦許可信號後便可降落。

引導準備落艦的飛機。

⑩落艦後，飛機會由機務員以人力推回機庫。

187

水面戰鬥艦

共產軍的海軍軍力，除了中國海軍的護衛艦之外，就只有魚雷艇與砲艦等小型艦艇，不論火力、數量皆無法與聯合國軍相比，戰力差距相當懸殊。雙方在海上交鋒，僅有1950年7月北韓海軍與聯合國軍之間曾爆發小規模海戰而已。有鑑於此，聯合國軍的戰艦與巡洋艦等大型艦，主要任務就是展開於半島沿岸，以艦砲對己方地面部隊提供岸轟支援。

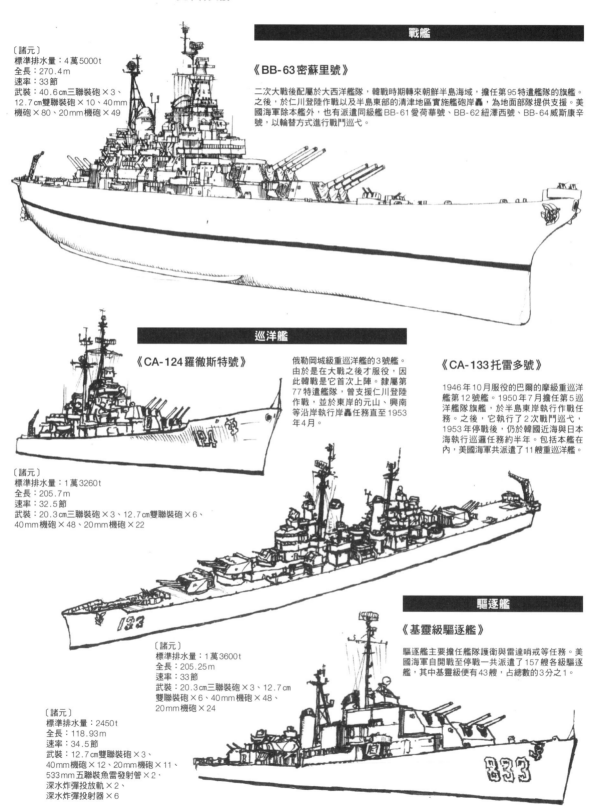

戰艦

《BB-63密蘇里號》

二次大戰後配屬於大西洋艦隊，韓戰時期轉來朝鮮半島海域，擔任第95特遣艦隊的旗艦。之後，於仁川登陸作戰以及半島東部的清津地區實施艦砲岸轟，為地面部隊提供支援。美國海軍除本艦外，也有派遣同級艦BB-61愛荷華號、BB-62紐澤西號、BB-64威斯康辛號，以輪替方式進行戰鬥巡弋。

〔諸元〕
標準排水量：4萬5000t
全長：270.4m
速率：33節
武裝：40.6cm三聯裝砲×3、12.7cm雙聯裝砲×10、40mm機砲×80、20mm機砲×49

巡洋艦

《CA-124羅徹斯特號》

俄勒岡城級重巡洋艦的3號艦。由於是在大戰之後才服役，因此韓戰是它首次上陣。隸屬第77特遣艦隊，曾支援仁川登陸作戰，並於東岸的元山、興南等沿岸執行岸轟任務直至1953年4月。

〔諸元〕
標準排水量：1萬3260t
全長：205.7m
速率：32.5節
武裝：20.3cm三聯裝砲×3、12.7cm雙聯裝砲×6、40mm機砲×48、20mm機砲×22

《CA-133托雷多號》

1946年10月服役的巴爾的摩級重巡洋艦第12號艦。1950年7月擔任第5巡洋艦隊旗艦，於半島東岸執行作戰任務。之後，它執行了2次戰鬥巡弋，1953年停戰後，仍於韓國近海與日本海執行巡邏任務約半年。包括本艦在內，美國海軍共派遣了11艘重巡洋艦。

〔諸元〕
標準排水量：1萬3600t
全長：205.25m
速率：33節
武裝：20.3cm三聯裝砲×3、12.7cm雙聯裝砲×6、40mm機砲×48、20mm機砲×24

驅逐艦

《基靈級驅逐艦》

驅逐艦主要擔任艦隊護衛與雷達哨戒等任務。美國海軍自開戰至停戰一共派遣了157艘各級驅逐艦，其中基靈級便有43艘，占總數的3分之1。

〔諸元〕
標準排水量：2450t
全長：118.93m
速率：34.5節
武裝：12.7cm雙聯裝砲×3、40mm機砲×12、20mm機砲×11、533mm五聯裝魚雷發射管×2、深水炸彈投放軌×2、深水炸彈投射器×6

水雷戰

海軍兵力不足的北韓軍，在仁川、元山、鎮南浦等港灣布下了大量水雷，令聯合國軍傷透腦筋。為水雷所苦的聯合國軍，要求日本政府派出掃雷部隊，因此便由海上保安廳秘密編組「特別掃海隊」，與聯合國軍的掃雷部隊一起從事掃雷作業。

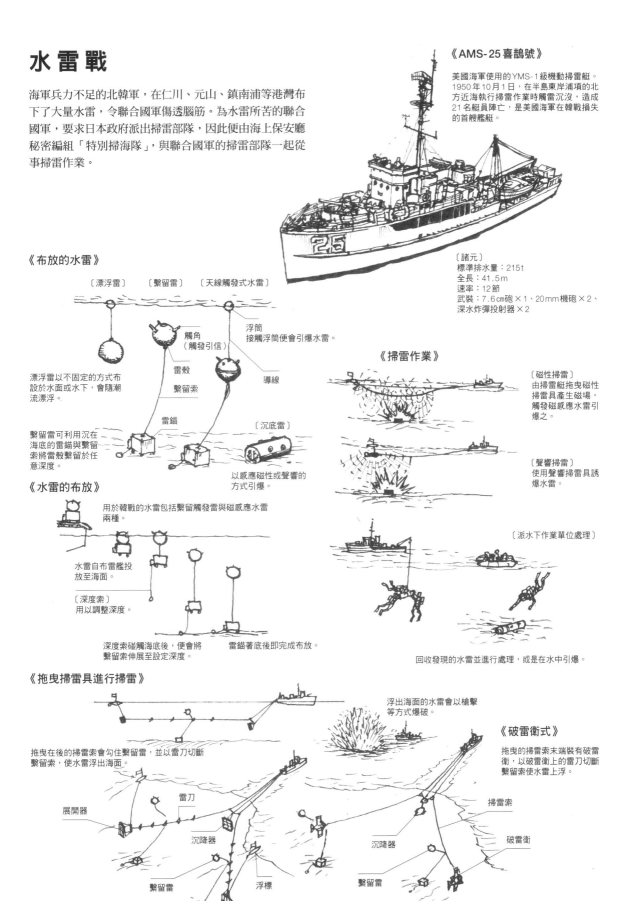

《AMS-25 喜鵲號》

美國海軍使用的 YMS-1 級機動掃雷艇。1950 年 10 月 1 日，在半島東岸浦項的北方近海執行掃雷作業時觸雷沉沒，造成 21 名艇員陣亡，是美國海軍在韓戰損失的首艘艦艇。

〔諸元〕
標準排水量：215t
全長：41.5m
速率：12 節
武裝：7.6cm砲×1、20mm機砲×2、
深水炸彈投射器×2

《布放的水雷》

〔漂浮雷〕　〔繫留雷〕　〔天線觸發式水雷〕

觸角（觸發引信）
浮筒
接觸浮筒便會引爆水雷。

雷殼
繫留索
導線

漂浮雷以不固定的方式布設於水面或水下，會隨潮流漂浮。

雷錨

繫留雷可利用沉在海底的雷錨與繫留索將雷殼繫留於任意深度。

〔沉底雷〕
以感應磁性或聲響的方式引爆。

《水雷的布放》

用於韓戰的水雷包括繫留觸發雷與磁感應水雷兩種。

水雷自布雷艦投放至海面。

〔深度索〕
用以調整深度。

深度索碰觸海底後，便會將繫留索伸展至設定深度。

雷錨著底後即完成布放。

《掃雷作業》

〔磁性掃雷〕
由掃雷艇拖曳磁性掃雷具產生磁場，觸發磁感應水雷引爆之。

〔聲響掃雷〕
使用聲響掃雷具誘爆水雷。

〔派水下作業單位處理〕

回收發現的水雷並進行處理，或是在水中引爆。

《拖曳掃雷具進行掃雷》

浮出海面的水雷會以槍擊等方式爆破。

拖曳在後的掃雷索會勾住繫留雷，並以雷刀切斷繫留索，使水雷浮出海面。

展開器
雷刀
沉降器
繫留雷
浮標

《破雷衛式》

拖曳的掃雷索末端裝有破雷衛，以破雷衛上的雷刀切斷繫留索使水雷上浮。

掃雷索
沉降器
破雷衛
繫留雷

登陸艦艇

活躍於第二次世界大戰兩棲作戰的各式美軍登陸艦艇也有用於韓戰。登陸艦艇不僅可以執行兩棲作戰，也能直接將物資送上設備不全的港灣或海岸。

LST（戰車登陸艦）

主要用來運送戰車等車輛，並可透過登陸艇將物資、人員送上岸的大型登陸艦。

〔諸元〕
標準排水量：1625t
全長：100m
速率：11節
裝載量：2萬1000t

《LST的構造》

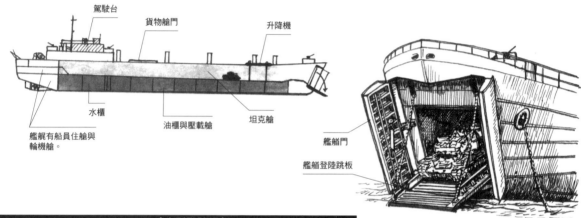

駕駛台
貨物艙門
升降機
水櫃
油櫃與壓載艙
坦克艙
艦艉有船員住艙與輪機艙。
艦艏門
艦艏登陸跳板

LSM（中型登陸艦）

戰車登陸艦的小型版，可用於大型LST無法入港或靠岸的狹窄登陸點。另有推出在本型艦上加裝火箭彈發射架的火力支援艦。

〔諸元〕
標準排水量：530t
全長：62m
速率：13.3節
裝載量：中戰車×5、重戰車×3／LVT×6／士兵54人

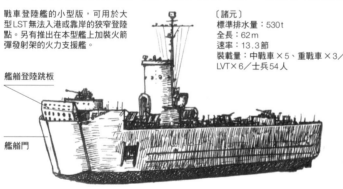

艦艏登陸跳板
艦艏門

船艙為露天全通式，駕駛台配置於船體右舷。

《LSM的構造》

船體左右兩舷配備1～6門20mm機砲或4門40mm機砲。

LCT（戰車登陸艇）

能比LST、LSM先一步將戰車送上灘頭，用於第1波搶灘的舟艇。搭載於LST運送至目的地近海。

〔諸元〕
標準排水量：530t
全長：36.3m
速率：7節
裝載量：136t

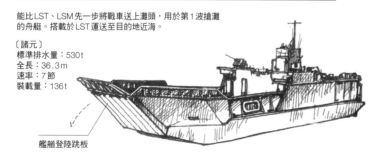

艦艏登陸跳板

《LCT的構造》

駕駛台配置於右舷後方，標準武裝為2門20mm機砲，12.7mm機槍最多可配備4挺。

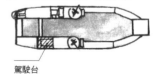

駕駛台

LCI（L）（大型步兵登陸艇）

專門用來載運士兵的中程外海航行型登陸艇。靠上海灘後，自艇內步兵艙走出的士兵會透過兩舷長條梯登岸。

〔諸元〕
標準排水量：216t
全長：48.3m
速率：15.5節
裝載量：士兵182人／貨物75t

由於它較重視速率，因此艇艦設計成尖形。武裝為4門20mm機砲。

廢除長條梯，在艇艦裝設開口門，並配置跳板的改良型。駕駛台形狀也從方形改成圓形。武裝強化為5門20mm機砲。

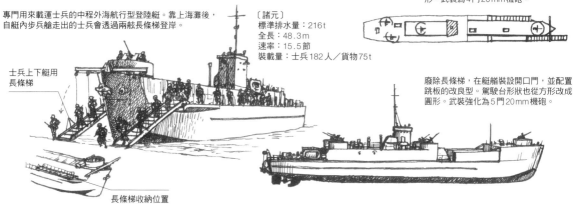

士兵上下艇用
長條梯

長條梯收納位置

LCM（3）（機械登陸艇）

此型登陸艇可搭載重量30t以下的中戰車，用來運送第1波搶灘部隊的車輛。

〔諸元〕
標準排水量：23t
全長：15m
速率：11節
裝載量：戰車或其他車輛（30t）×1／士兵60人／貨物27t

《LCM（3）的構造》

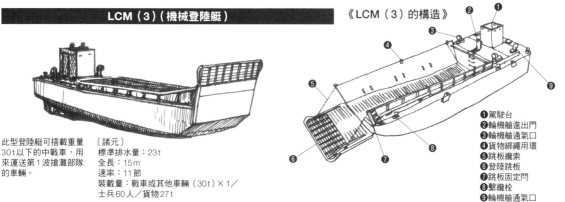

❶駕駛台
❷輪機艙進出門
❸輪機艙通氣口
❹貨物綁繩用環
❺跳板纜索
❻登陸跳板
❼跳板固定閂
❽繫纜栓
❾輪機艙通氣口

LCVP（車輛人員登陸艇）

登陸作戰時，主要用於人員運輸的木製小型登陸艇。冠以設計者之名稱作「希金斯艇」。

〔諸元〕
標準排水量：8.2t
全長：11m
速率：12節
裝載量：車輛（2.7t）×1／士兵36人／貨物3.7t

《LCVP的構造》

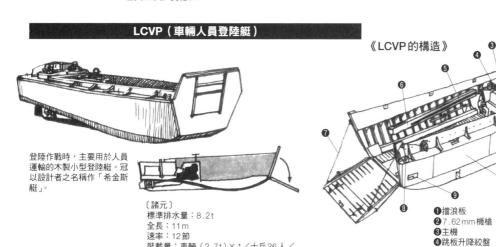

❶擋浪板
❷7.62mm機槍
❸主機
❹跳板升降絞盤
❺應急舵手把
❻纜索護蓋
❼跳板纜索
❽跳板固定閂
❾牽引墊
❿裝甲板
⓫繫纜栓
⓬駕駛台
⓭跳板升降轉把
⓮油櫃

《登陸艇的出發程序》

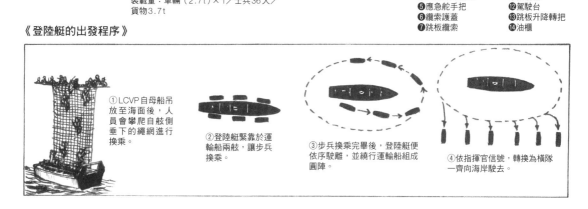

①LCVP自母船吊放至海面後，人員會攀爬自舷側垂下的繩網進行換乘。

②登陸艇緊靠於運輸船兩舷，讓步兵換乘。

③步兵換乘完畢後，登陸艇便依序駛離，並繞行運輸船組成圓陣。

④依指揮官信號，轉換為橫隊一齊向海岸駛去。

圖解韓戰

出　　　版／楓樹林出版事業有限公司
地　　　址／新北市板橋區信義路163巷3號10樓
郵 政 劃 撥／19907596　楓書坊文化出版社
網　　　址／www.maplebook.com.tw
電　　　話／02-2957-6096
傳　　　真／02-2957-6435
作　　　者／上田信
翻　　　譯／張詠翔
責 任 編 輯／王綺
內 文 排 版／洪浩剛
港 澳 經 銷／泛華發行代理有限公司
定　　　價／420元
二 版 日 期／2024年3月

國家圖書館出版品預行編目資料

圖解韓戰／上田信作；張詠翔譯. -- 初版. --
新北市：楓樹林出版事業有限公司, 2023.01
面；公分
ISBN 978-626-7218-15-0（平裝）

1. 韓戰　2. 軍事　3. 兵器

732.2723　　　　　　　　　　111018583